敦煌石窟與文獻研究・上冊

出版說明

　　本書系所選輯的論著寫作時間跨度較長，涉及學科範圍較廣，引述歷史典籍版本較複雜，作者行文風格各異，部分著作人亦已去世，依照尊重歷史、尊敬作者、遵循學術規範、倡導文化多元化的原則，經與浙江大學出版社協商，書系編委會對本書系的文字編輯加工處理特做以下說明：

　　一、因內容需要，書系中若干卷採用繁體字排印；簡體字各卷中某些引文為避免產生歧義或詮釋之必須，保留個別繁體字、異體字。

　　二、編輯在審讀加工中，只對原著中明確的訛誤錯漏做改動補正，對具有時代風貌、作者遣詞造句習慣等特徵的文句，一律不改，包括原有一些歷史地名、族名等稱呼，只要不存在原則性錯誤，一般不予改動。

　　三、對著作中引述的歷史典籍或他人著作原文，只要所注版本出處明確，核對無誤，原則上不比照其他版本做文字改動。原著沒有註明版本出處的，根據學術規範要求請作者或選編者盡量予以補註。

　　四、對著作中涉及的敦煌、吐魯番所出古寫本，一般均改用通行的規範簡體字或繁體字，如因論述需要，也適當保留了一些原寫本中的通假字、俗寫字、異體字、借字等。

　　五、對著作中涉及的書名、地名、敦煌吐魯番寫本編號、石窟名

稱與序次、研究機構名稱及人名，原則上要求全卷統一，因撰著年代
不同或需要體現時代特色或學術變遷的，可括注說明；無法做到全卷
統一的則要求做到全篇一致。

書系編委會

總序

　　浙江，我國「自古繁華」的「東南形勝」之區，名聞遐邇的中國絲綢故鄉；敦煌，從漢武帝時張騫鑿空西域之後，便成為絲綢之路的「咽喉之地」，世界四大文明交融的「大都會」。自唐代始，浙江又因絲綢經海上運輸日本，成為海上絲路的起點之一。浙江與敦煌、浙江與絲綢之路因絲綢結緣，更由於近代一大批浙江學人對敦煌文化與絲綢之路的研究、傳播、弘揚而令學界矚目。

　　近代浙江，文化繁榮昌盛，學術底蘊深厚，在時代進步的大潮流中，湧現出眾多追求舊學新知、西學中用的「弄潮兒」。20世紀初因敦煌莫高窟藏經洞文獻流散而興起的「敦煌學」，成為「世界學術之新潮流」；中國學者首先「預流」者，即是浙江的羅振玉與王國維。兩位國學大師「導夫先路」幾代浙江學人（包括浙江籍及在浙工作生活者）奮隨其後，薪火相傳，從趙萬里、姜亮夫、夏鼐、張其昀、常書鴻等前輩大家，到王仲犖、潘絜茲、蔣禮鴻、王伯敏、常沙娜、樊錦詩、郭在貽、項楚、黃時鑑、施萍婷、齊陳駿、黃永武、朱雷等著名專家，再到徐文堪、柴劍虹、盧向前、吳麗娛、張湧泉、王勇、黃征、劉進寶、趙豐、王惠民、許建平以及馮培紅、余欣、竇懷永等一批更年輕的研究者，既有共同的學術追求，也有各自的學術傳承與治學品格，在不同的分支學科園地辛勤耕耘，為國際「顯學」敦煌學的發展

與絲路文化的發揚光大作出了巨大貢獻。浙江的絲綢之路、敦煌學研究者，成為國際敦煌學與絲路文化研究領域舉世矚目的富有生命力的學術群體。這在近代中國的學術史上，也是一個值得關注的現象。

始創於 1897 年的浙江大學，不僅是浙江百年人文之淵藪，也是近代中國社會科學與自然科學英才輩出的名校。其百年一貫的求是精神培育了一代又一代腳踏實地而又敢於創新的學者專家。即以上述研治敦煌學與絲路文化的浙江學人而言，不僅相當一部分人的學習、工作與浙江大學關係緊密，而且每每成為浙江大學和全國乃至國外其他高校、研究機構連結之紐帶、橋樑。如姜亮夫教授創辦的浙江大學古籍研究所（原杭州大學古籍研究所），1984 年受教育部委託，即在全國率先舉辦敦煌學講習班，培養了一批敦煌學研究骨幹；本校三代學者對敦煌寫本語言文字的研究及敦煌文獻的分類整理，在全世界居於領先地位。浙江大學與敦煌研究院精誠合作，在運用當代信息技術為敦煌石窟藝術的鑑賞、保護、修復、研究及再創造上，不斷攻堅克難，取得了舉世矚目的成就，拓展了敦煌學的研究領域。在中國敦煌吐魯番學會原語言文學分會基礎上成立的浙江省敦煌學研究會也已經成為與甘肅敦煌學學會、新疆吐魯番學會鼎足而立的重要學術平台。由浙大學者參與主編，同浙江圖書館、浙江教育出版社合作編撰的《浙藏敦煌文獻》於 21 世紀伊始出版，則在國內散藏敦煌寫本的整理出版中起到了領跑與促進的作用。浙江學者倡導的中日韓「書籍之路」研究，大大豐富了海上絲路的文化內涵，也拓展了絲路文化研究的視野。位於西子湖畔的中國絲綢博物館，則因其獨特的絲綢文物考析及工藝

史、交流史等方面的研究優勢，並以它與國內外眾多高校及收藏、研究機構進行實質性合作取得的豐碩成果而享譽學界。

　　現在，我國正處於實施「一帶一路」偉大戰略的起步階段加大研究、傳播絲綢之路、敦煌文化的力度是其中的應有之義。這對於今天的浙江學人和浙江大學而言，是在原有深厚的學術積累基礎上如何進一步傳承、發揚學術優勢的問題，也是以更開闊的胸懷與長遠的眼光承擔的系統工程，而決非「應景」、「趕時髦」之舉。近期，浙江大學創建「一帶一路」合作與發展協同創新中心，舉辦「絲路文明傳承與發展國際學術研討會」，都是在新的歷史條件下邁出的堅實步伐。現在，浙江大學組織出版這一套學術書系，正是為了珍惜與把握歷史機遇更好地回顧浙江學人的絲綢之路、敦煌學研究歷程，奉獻資料，追本溯源，檢閱成果，總結經驗，推進交流，加強互鑑，認清歷史使命，展現燦爛前景。

浙江學者絲路敦煌學術書系編委會

二〇一五年九月三日

目次

上冊

1　　**代序**　我與敦煌學研究

敦煌石窟研究

9　　　敦煌與莫高窟

38　　　建平公與莫高窟

45　　　關於莫高窟第 428 窟的思考

74　　　莫高窟第 220 窟新發現的複壁壁畫

87　　　讀《翟家碑》札記

109　　奇思馳騁為「皈依」
　　　　——敦煌、新疆所見須摩提女因緣故事畫介紹

117　　敦煌經變畫

155　　中國最早的無量壽經變
　　　　——讀支道林《阿彌陀佛像贊並序》有感

175　　新定阿彌陀經變
　　　　——莫高窟第 225 窟南壁龕頂壁畫重讀記

187　　金光明經變研究

下冊

敦煌文獻研究

239　本所藏《酒賬》研究

268　敦煌曆日研究

330　三界寺・道真・敦煌藏經

360　俄藏敦煌文獻 дx.1376、1438、2170 之研究

378　敦煌研究院藏土地廟寫本源自藏經洞

388　法照與敦煌初探
　　　——以 P.2130 為中心

420　本所藏敦煌唐代奴婢買賣文書介紹

428　延祐三年奴婢買賣文書跋

436　敦煌遺書題記隋董孝纘寫經考略

446　S.2926《佛說校量數珠功德經》寫卷研究

467　**附錄**　打不走的莫高窟人

475　**後記**

代序

我與敦煌學研究

　　1961 年，我到敦煌工作，時年 29 歲，雖將步入 30，卻沒有「三十而立」之雄心，原因很簡單：作為一名 1956 年入大學的「調干」學生，入學後經歷的是多事之秋，恰似「先天不足，後天失調」的孩子，故「立」不起來。但有一點至今無悔──到敦煌以後，沒有想走。那是因為跟著段文傑先生看了一個星期的洞窟以後，覺得莫高窟的研究課題俯拾皆是，有一輩子也做不完的事，我就答應常院長（其時常書鴻先生是蘭州藝術學院的院長兼敦煌文物研究所所長）到敦煌來工作，這一步走對了。

　　光陰荏苒，一晃 40 多年過去了，如今已垂垂老矣，還沒有「立」起來。我很害怕填表，萬一要填專業是什麼，我無言以對。敦煌學博大精深，有學者給敦煌學分類，擬了 100 多個分支。就敦煌學大的領域而言，有敦煌藝術、敦煌文獻、石窟保護等，哪一門我都不通。中國 20 世紀 50 年代的幹部、50 年代的黨團員、50 年代的大學生，日本友

人稱之為「三五牌」的人才。我不在「人才」之列，卻是典型的「三五牌」。在敦煌研究院（過去的敦煌文物研究所），我做過資料工作，與史葦湘先生幾次互為組長、組員；到石窟考古組當過「沒有受命的組長」；到敦煌遺書研究所當過不稱職的所長。其間，作為一枚螺絲釘，當過多年的講解員、資料採購員、編目員，編過書，籌備過出國展覽，外帶「文革」十年的放羊、種地。只顧耕耘，不問收穫，暈暈乎還覺得沒有偷懶。20 世紀 80 年代以後，學者們紛紛出書，同行們左一本、右一本饋贈我各自的專著。接過好友的書，高興的同時臉上總是熱乎乎的——因自己沒有專著可以回贈而愧疚。

為了自我解嘲，我自稱是敦煌學領域的「兩棲動物」。青蛙在水裡、陸地都能生存，但在水中，潛得不深，在陸上，蹦得不高。傳統的敦煌學分為兩大領域，即敦煌藝術研究和敦煌文獻研究。敦煌石窟考古是敦煌藝術研究的重要一環，我在這方面寫過一些東西。在敦煌藝術海洋裡，潛得不深，但還能生存。敦煌寫卷內容考證，是敦煌文獻研究的基礎，電腦沒有普及之前，我利用法國、英國、中國幾個國家圖書館所藏敦煌遺書縮微膠卷做過多年的內容考證、定名工作，編過目錄，也寫過一些東西，在這廣袤的領域也能蹦 兩下，但自我感覺是沒有什麼高度。我想，我為自己定位的「兩棲動物」，不用多費筆墨，讀者只要翻開本書的目錄，便可一目了然。

把自己比作「兩棲動物」是不好聽的。為什麼我會這樣？一是環境使然，一是天性使然。「三五牌」的大學生是很有點「毛主席的戰士最聽黨的話，哪裡需要哪裡去，哪裡艱苦哪安家」的味道的。這種大環境，再加上我較能隨遇而安，「成就」了我這只「青蛙」。

至於「天性使然」，這得說上幾句。

魯迅曾經說過：「時間就像海綿裡的水，只要你願意擠，總還是有

的。」是啊，你看那海綿吸水，在達到飽和狀態之前，對於來水總是那樣迫不及待的。我生性比較好奇，興趣比較廣泛，總覺得每天都能長一點知識，也就沒有白活。正因為如此，目的性不強，經常在書庫裡東翻翻西翻翻地過一天。

這反映在我寫的文章上，比較典型的就是《敦煌曆日研究》一文。敦煌研究院藏有晚唐以後敦煌歸義軍官方的酒賬一件，賬目有月有日，而不知是哪一年。但在某月至某月之間有「兩個月小盡」或「三個月小盡」的說明。20 世紀 70 年代初，武漢大學的朱雷先生來敦煌考察，我向他請教中得知「月小盡」即小月。於是我就想，若能把酒賬提供的大月、小月與古曆對照，不就能為酒賬的立賬年代找出線索了嗎？

由此而首先想到敦煌遺書中的「敦煌曆日」。待到把有關的敦煌寫卷拿出來認真一看，名詞不懂，推求術不會，真有「老虎吃天無處下爪」之窘。不過，興趣因此而倍增。於是，從閱讀日曆知識開始，接著讀《史記・曆書》《漢書・律歷志》……說來慚愧，學歷史的人，看不懂正史中的任何一種律歷志。讀不懂律歷志就改讀《夢溪筆談》《陔余叢考》《小學紺珠》等唐宋史料筆記，有了一點「理還亂」的知識。此時，我想到了從敦煌曆日中找規律的方法，把縮微膠卷中所有敦煌曆日殘卷印成照片，在王重民先生《敦煌本曆日之研究》（《東方雜誌》第 34 卷第 9 號）、日本學者藪內清《斯坦因敦煌文獻中的曆書》（《東方學報》京都版第 35 期）兩文的啟發下，將曆日內容進行整理、排比，盡量利用殘卷所提供的條件，恢復該件的月建大小，然後與陳垣先生的《二十史朔閏表》對照，將有年代的曆日寫卷與《二十史朔閏表》對照，學著使用「年九宮」「月九宮」，知道什麼叫「建除十二時」。

1983 年春天，張廣達先生給我寄來了著名敦煌學者藤枝晃先生的

《敦煌曆日譜》（《東方學報》京都版第45期）。這是當時最重要的關於敦煌曆日研究的文章。當我摸索著用多種辦法來推求每件曆日所屬年代以後，將我的結果與王重民、藪內清、藤枝晃諸先生的推算一對照，發現我的推算居然可以補他們的不足，甚至還有所突破，信心因此而生，文章也就寫出來了。

成果出來之後，中國科學院自然科學史研究所前所長席澤宗先生曾告訴我，他去美國講學還用了我的曆日資料；自然科學史研究所也曾幾次給我發來該所召開的學術研討會的邀請函，我自知不是這方面的專家，一次也沒有出席過，只是嘗到了興趣所帶來的甘甜而已。《敦煌曆日研究》一文發表以後，上海辭書出版社的一位好友指出了我在「建除十二時」上立論有誤，同時給我寄來了《中國天文學史》第3卷1冊，我如獲至寶。如果早有此書，我的曆日研究將是事半功倍的，同時也深深地感到「隔行如隔山」，以後應少幹一點興之所至的事。

我把此書名為《敦煌習學集》，也有一個緣由。

若干年以前，讀陳寅恪先生的《隋唐制度淵源略論稿》，在論及兵制時，陳先生引用了南宋葉適著《習學記言》中的一段話，除了深深佩服陳先生博學多聞、引證恰當之外，對《習學記言》這一書名印象頗深。誠然，習學猶學習，但我主觀感覺「習學」有一種深層次的含義。當時，我不敢有出版什麼文集的奢望，只想到在我辭世之前把自己的習作收攏一處，題目就叫《敦煌習學集》。在我來說，「習學」還有另一種意思。剛到敦煌時年紀尚輕，我心想敦煌學雖博大精深，但來日方長，不妨樣樣都學習學習，日積月累，總會做出點成績的，因此起點就不求專而求廣。誰曾想三年一個小運動，五年一個大運動，更有「文革」十年，再加上自己東一鄉頭西一棒槌，時光不再，只有空嘆息而已矣。幾十年來寫的一些不像樣的文章，只能說明我在不斷

地學習，故而文集最貼切的名稱莫過於《敦煌習學集》。

　　有人說，文章猶如癩頭兒子——自己的好，我卻不然。我的心態是，剛脫稿時，看上一遍，自覺不錯，過一陣子，就不想再看，好賴隨它去。因此文章發表以後，懶得再看，是否有硬傷也不知道。20世紀90年代以後，敦煌學界出書已不再是「難於上青天」了，出版社的朋友曾熱情地提議為我們夫婦出書。朋友的好意，我永生難忘，但在感激萬分的同時，坦誠地推辭了。其原因是：要出文集，得東三西四地收集文章，得從頭看一遍，得改正錯誤……這一切都需要時間，而垂暮之年的我，總想趁腦子尚清晰之時再寫點新東西，不說是把過去的損失挽回來，至少能讓日子過得充實一點。由於種種原因，總是心有餘而力不足，也沒有做出什麼成績來。

　　今年是敦煌研究院成立60週年，院裡將舉行國際學術研討會，院領導為我們安排了文集的出版，偏又碰上自己身體不適，沒能把所收文章從頭看一遍，絕大多數文章一仍其舊，尤其是註解部分，當年不講究規範化，此次又未能重做。凡此種種，只有告罪於讀者，祈請見諒並多加批評指正。

施萍婷

2004年6月26日於蘭州

（本文原為《敦煌習學集》自序，原載《敦煌習學集》上冊，

甘肅民族出版社2004年版）

敦煌石窟研究

敦煌與莫高窟

漢魏敦煌

　　我國最早的地理著作《禹貢》分「天下」為九州，今天的河西廣大地域屬於雍州。因此，秦以前的敦煌為「禹貢雍州之域」。《禹貢》裡有「三危既宅，三苗丕敘」的記載，《堯典》有「竄三苗於三危」的記載，《左傳》有「故允姓之奸居於瓜州」的記載，自漢以後，人們知道了敦煌，也知道了敦煌的東南有座山叫作「三危山」，後來集注典籍，往往把三危、三苗和敦煌、瓜州聯繫起來，代代相因，幾成定論。其實，「三危遠不在敦煌」[1]，秦以前的敦煌地區情況，還有待於今後的考古發現。

　　秦統一六國，築長城，西不過臨洮。這時的河西為月氏所居。漢初，月氏受匈奴侵掠，被迫西遷，匈奴渾邪王、休屠王駐牧於月氏故

1　參閱《中國古代地理名著選讀》第 1 輯，科學出版社 1959 年版，第 29—30 頁。

地。公元前 121 年，渾邪王殺休屠王降漢，漢盡有河西地。武帝於元鼎六年（前 111）在河西走廊的西端設敦煌郡[2]，有文字記載的敦煌歷史從此開始。

漢武帝設敦煌郡後，接著設立了玉門關、陽關，敦煌成了中西交通的咽喉之地。這以後，史書記載敦煌，往往是詩一樣的篇章。

東漢應劭解釋「敦煌」二字時說，「敦，大也；煌，盛也」[3]。南朝劉昭引《耆舊記》說：「國當乾位，地列艮墟，水有懸泉之神，山有鳴沙之異，川無蛇虺，澤無兕虎，華戎所交一大都會也。」[4]隋裴矩在《西域圖記‧序》中說，西域交通「……總湊敦煌，是其咽喉之地。」[5]《肅州志‧沙州衛志》也說：「雪山為城，青海為池，鳴沙為環，黨河為帶，前陽關而後玉門（這裡指唐以後的玉門關，在今安西縣雙塔堡一帶），控伊西而制漠北，全陝之咽喉，極邊之鎖鑰。」[6]至如班超父子的疏、議，邊塞詩人的詩等等，更是感人肺腑、千古生輝。

據日本學者藤田豐八考訂，「敦煌」二字可能是都貨羅 Tokhara 的譯音。此所謂都貨羅，即漢初居於敦煌與祁連山之間的月氏族[7]。漢語「敦煌」一詞，最早見於《史記‧大宛列傳》，文引張騫給漢武帝報告，說「始月氏居敦煌、祁連間」。祁連既然是匈奴語「天」的譯音，則「敦煌」亦應為「胡語」。然而在不排斥「胡語」的同時，我認為東

2　河西四郡的設立年代，《漢書》帝紀與地理志等記載有出入，本文采用勞干《居延漢簡考釋》之說，史語所印，1943 年。

3　《漢書‧地理志》注。

4　《後漢書‧郡國志》注。

5　《隋書‧裴矩傳》。

6　轉引自《敦煌縣誌》，新華出版社 1994 年版。

7　參閱《中國古代地理名著選讀》第 1 輯，科學出版社 1959 年版，第 91 頁。

漢應劭的解釋既符合字義又符合漢武帝以來敦煌的實際。[8]

　　自張騫通西域封侯顯貴以後，曾隨同張騫第二次通西域的吏士，爭相上書「言外國奇怪利害」，請求派為使節，漢武帝為了「廣其道」，往往有求必應，「言大者予節，言小者為副」。這些正副使節往返西域，都必須經過敦煌。當時，派往西域的使者，多則一年十幾批，少則五六批；每批幾百人，至少也是一百多人；所帶的東西，都是仿照張騫出使西域時的款式，而張騫第二次出使西域時每人馬二匹，牛羊以萬數，所帶金幣、絲綢價值「數千巨萬」。每年這麼多的人、馬、牛、羊、貨物通過敦煌，其「使者相望於道」的壯觀，我們今天仍然可想而知。

　　公元前104年，漢遣貳師將軍李廣利遠征大宛，中途受阻，未至大宛，往返兩年回到敦煌。李廣利要求罷兵，漢武帝大怒，發專使攔截於玉門關，並下令：誰敢入關，就要斬首。李廣利無奈，只好留屯敦煌。一年多以後，6萬多大軍，帶著10萬頭牛、3萬匹馬，再從敦煌出發，光是運送糧食的驢、駱駝就有1萬頭以上。繼而又把全國的流放人犯弄來運送乾糧，人流車隊相接於路，直至敦煌。[9]

　　元封六年（前105），漢武帝以江都王劉建的女兒細君為公主嫁給烏孫王，贈送了非常多的禮物，官員、隨從數百人。細君死後，漢又以楚王劉戊的孫女解憂為公主遠嫁烏孫。解憂公主出塞路過敦煌，官員迎送，武衛相隨，其規模、氣魄都非一般使節過往可比。宣帝元康元年（前65），龜茲王及夫人烏孫公主來朝，漢賜以車騎、旗鼓、歌吹，並贈綺繡雜繒等數千萬，也是官員、侍從、車騎浩浩蕩蕩往返經

8　許慎《説文解字》説：「敦，怒也、詆也。」但揚雄《方言》説：「敦，大也。」應劭之説與揚雄之説同。

9　《漢書·李廣利傳》。

由敦煌。神爵二年（前60）烏孫遣使者300餘人又來請婚，宣帝以相夫為公主，配備官員侍御100多人，隆重地送相夫公主到敦煌。相夫公主還沒有出塞，烏孫情況有變，副使常惠一面留公主在敦煌，一面上書報告情況。

上列史實，都一一說明：敦，大也；煌，盛也。

然而，敦煌在兩漢的地位，不止於此。

從漢武帝派張騫通西域到元帝建昭三年（前36）這100來年的時間內，漢破樓蘭、姑師，聯烏孫，伐大宛，與匈奴爭車師，遠征康居等等，凡征戰，敦煌都是前線的補給站。

兩漢和西域交通不下300年，其間維持正常關係者有200多年[10]，隨著使者、商隊的出塞入塞、官署的設置、戍卒屯田等等，敦煌成了漢與西域經濟文化交流的咽喉。

兩漢經營西域，有如一幕幕話劇，而敦煌則是漢政府導演話劇的後台，也是政府決策西域的耳目，因而功成事敗往往與敦煌太守有關。如建武十七年（41），莎車王賢遣使奉獻求都護，光武帝授以西域都護之印綬，敦煌太守裴遵上書反對，改授為大將軍，莎車使者不從，裴遵竟然強奪其都護印綬，莎車從此多事。建武二十一年（45）西域十八國主動派「質子」入漢，要求派都護。由於東漢初立，北邊未定，沒有答應。各國害怕莎車兼併，寫信給裴遵，要求把他們的「侍子」留在敦煌，給莎車以假象，表示很快會派來漢政府的都護。最後，終因派不出都護，不僅西域剛通又絕，而且北匈奴也乘勢攻至敦煌，「河西諸郡，城門晝閉」[11]。其他如安帝時的曹宗、順帝時的徐由，

10　安作璋：《兩漢與西域關係史》，齊魯書社1979年版。

11　《後漢書・班勇傳》。

主觀上雖想為漢「盡忠」，實際上並沒有起好作用。至若無事生非的馬達、審察不實的宋亮，則都是「幫倒忙」的敦煌太守。班超之子班勇，在朝廷上力駁眾難，好不容易才爭取回到經營西域的任上，但不久就被其副手、「要功荒外」的敦煌太守張朗所牽連而身陷囹圄，未能盡施才略。當然，功成者有之，可惜為數寥寥。如延光年間上書陳三策的張　，永和年間立功塞外而史籍無名的裴岑[12]。

上至西域都護，下至屯田戍卒，莫不把敦煌當作他們回歸故裡的象徵。班超在西域 31 年，晚年上書說：「臣不敢望到酒泉郡，但願生入玉門關。」凡罷都護、廢屯田之時，漢政府派人迎接吏士，「出敦煌，迎入塞」，就算完成使命。遊子、謫吏、戍卒思故土念親人，往往是「陽關一曲動悲歌」，使人浮想聯翩。直到今天，人們到了敦煌，總是不由得「望古茫茫動遠思」。

東漢末年，天下大亂，敦煌「曠無太守二十歲」，諸豪強大族趁機為非作歹。他們侵吞民田，「而小民無立錐之土」；西域派人「貢獻」，他們枉法攔截；商人貿易，受他們的欺詐侮辱。太和年間（227—233），魏明帝曹操曾派時為綏集都尉的倉慈為敦煌太守。他抑豪強、撫貧弱、斷刑獄、慰「胡商」。此後，外國商人到達敦煌，「欲詣洛者，為封過所；欲從郡還者，官為平取，輒以府見物與共交市，使吏民護送道路」。倉慈死後，吏民畫像以寄其思，西域各族「悉共會聚於戊己校尉及長史治下發哀，或以刀畫面，以明血誠，又為立祠，遙共祠

12　裴岑事，見於《敦煌裴太守碑》。此碑文見於《肅州志‧沙州衛志》、徐松《西域水道記》、蘇履吉《敦煌縣誌》。蘇編縣誌時，手頭有揭本，比較可靠，茲據縣誌錄文於下：「維漢永和二年八月，敦煌太守云中裴岑，將郡兵三千人誅呼衍王等，斬馘部眾，克敵全師，除西域之疢（音趁），疇四郡之害，邊境艾安，振威到此，立德祠以表萬世。」

之」。倉慈以後的幾任太守，都能「循其跡」，保持了相對的穩定。尤其是皇甫隆太守，教民「作耬犁，又教衍溉」，使敦煌的農業生產「省庸力過半，得谷加五」。[13]總的來看，自三國初年西域復通至三國末，敦煌在保證中西交通上起到了它應有的作用。

漢魏敦煌是後來盛開敦煌藝術之花的肥沃土壤。

樂傳法良發其宗

佛教傳入中國以後，敦煌是進入內地的第一站。伊存授經的傳說也好，漢明帝永平求法也好，高僧安世高、支婁迦讖、竺佛朔、支曜、康孟祥等東來也好，都必須經過敦煌。魏晉間，東來的高僧更多，洛陽已有佛寺，中國士族中也開始有人出家事佛。這時，敦煌這塊漢文化基礎雄厚的土壤上，開始綻放出宣揚佛教的美麗花朵。這一時期，有世居敦煌、譯經最多、名聲顯赫、為西晉佛教代表人物、號稱「敦煌菩薩」的竺法護；有依法護為沙彌、後在敦煌「立寺延學，忘身為道」而死於敦煌的竺法乘。更值得注意的是，這時已有「寺廟圖像」[14]，所以《魏書・釋老志》說：「敦煌地接西域，道俗交得，其舊式村塢相屬，多有塔寺。」

十六國時期，一些少數民族的統治者大力推行佛教。前秦苻堅攻取襄陽以後，得到高僧釋道安和文人習鑿齒。苻堅對人說，我以十萬之師取襄陽，只得到一個半人。人問是誰，他說，釋道安一人，習鑿齒半人。為了取得大和尚鳩摩羅什，苻堅派大將呂光帶兵七萬西伐龜

13　此段引文均見《三國志・魏志・倉慈傳》和注引《魏略》。

14　《高僧傳・竺法護傳》。

茲。後趙的石虎，對一個會耍魔術的大和尚佛圖澄五體投地，「衣以綾錦，乘以雕輦」，派司空朝夕請安，並讓他參與軍國機謀。至於在河西地區，「自張軌後，世信佛教」。北涼沮渠蒙遜，尊奉高僧曇無讖到了「誓同生」的地步，譯經、造像，盛況空前。唐釋道宣《集神州三寶感通錄》卷中有這樣一段記載：

涼州石崖瑞像者，昔沮渠蒙遜以晉安帝隆安元年（397）據有涼土，三十餘載，隴西五涼，斯最久盛。專崇福業。以國城、寺塔終非云固，古來帝宮，終逢煨燼，若依立之，儌尤斯及。又用金寶，終被毀盜。乃顧眄山宇，可以終天。於州南百里，連崖綿亙，東西不測，就而鑿窟，安設尊儀，或石或塑，千變萬化。有敬禮者，驚眩心目……

這可能説的是武威天梯山石窟。420 年以後，沮渠氏占有整個河西，「於酒泉中街起浮屠，雕石像」。中街的浮屠、雕像雖已蕩然無存，但 1949 年前後在酒泉出土的高善穆造釋迦得道塔、程段兒所造塔、田弘所造塔、馬德惠所造塔都是北涼時的佛教遺物，皆為沮渠氏佞佛的佐證。

十六國時期統治者信奉佛教，甘肅境內現存的炳靈寺石窟、麥積山石窟、敦煌莫高窟等就是這一時期應運而生的。

莫高窟位於敦煌縣東南 25 公里處。洞窟開鑿在鳴沙山東麓的斷崖上，坐西朝東，與三危山隔宕泉河而東西相望。關於莫高窟的創建，武周聖歷元年（698）《李克讓修莫高窟佛龕碑》記載：

莫高窟者，厥初，前秦建元二年（366）有沙門樂傅，戒行清虛，

執心恬靜，嘗杖錫林野，行至此山，忽見金光，狀有千佛（下缺五字）
造窟一龕。次有法良禪師從東屆此，又於傅師窟側更即營建，伽藍之
起，濫觴於二僧。[15]

　　莫高窟現存洞窟 492 個，樂傅、法良窟究竟是哪一個已無從考
證。根據石窟排年，屬於十六國晚期的洞窟有 7 個[16]。這一時期的繪塑
題材，主要是佛菩薩、千佛、說法圖、佛傳以及故事畫毗楞竭梨王本
生、屍毗王本生等。這些題材，毫無疑問是來自印度的。但是，正如
中國一開始就以漢民族固有的思想來接受、解釋印度佛教一樣，佛教
藝術在敦煌一出現就帶有濃厚的漢文化的民族色彩，而且又有其特定
的敦煌地方色彩[17]。

　　敦煌十六國時期的佛教藝術，是以當時敦煌地區經濟文化的發展
為前提的。十六國時期，先後統治過敦煌的有前涼、前秦、後涼、西
涼、北涼，其中影響較大的是前涼、西涼、北涼。自西晉「八王之亂」
以來，中原喪亂，「秦雍之民死者十八九，唯涼州獨全」[18]，「中州避
難來者日月相繼」[19]。前秦建元末年，還曾遷移江漢人萬余戶、中州人
7000 戶到敦煌[20]，河西地區相對穩定，人口猛增，加之以塢壁為單位組

15　此碑現存敦煌文物研究所。關於莫高窟的創建，敦煌遺書 P.2691《沙州城土鏡》（五
　　代乾祐二年即 949 年寫本）作「永和八年癸丑歲」，永和八年非「癸丑」，癸丑應是
　　九年（353）。敦煌文物研究改採「建元二年」之說。

16　樊錦詩、馬世長、關友惠：《敦煌莫高窟北朝石窟的分期》，載《中國石窟・敦煌莫
　　高窟》（1），文物出版社、平凡社 1982 年版。

17　段文傑：《早期的莫高窟藝術》，載《中國石窟・敦煌莫高窟》（1），文物出版社、平
　　凡社 1982 年版。

18　《魏書・私署涼州牧張寔傳》。

19　《晉書・張軌傳》。

20　《晉書・涼武昭王李玄盛傳》。

織生產，封建經濟得到了相應的發展。僅以敦煌為例：呂光占領武威後，前涼的擁護者王穆起兵反抗，派人約敦煌的郭瑀（瑀）（音雨）起兵響應，郭瑀（瑀）與敦煌大姓𠭰（音古）「起兵五千，運粟三萬石，東應王穆」[21]。西涼李暠的別將朱元虎為沮渠蒙遜抓走，「嚳以銀三千斤、金二千兩贖元虎」[22]。這種經濟實力是敦煌開窟、造像、畫壁的物質基礎。

十六國時期，涼州是北部中國文化的中心，而敦煌又是涼州文化的中心，儒學尤盛，全國名儒代不乏人：在前涼，敦煌人宋纖有弟子3000多人。祈嘉有弟子2000餘人。在西涼，敦煌人闞駰著《十三州志》；崔鴻《十六國春秋·西涼錄》記載，武昭王李暠能詩善賦，並在敦煌大興儒學，建靖恭堂、嘉納堂，堂內畫自古為「聖帝、明王、忠臣、孝子、烈士、貞女」。在北涼，沮渠茂虔稱臣於劉宋，光奉獻各種著作就有18種，共154卷。總之，河西地區的傳統文化是敦煌佛教藝術產生、發展的條件之一。從近年來嘉峪關、酒泉出土的魏晉墓室壁畫更可以看出河西地區的傳統文化與敦煌藝術的直接關係。

東陽、建平弘其跡

北魏太平真君三年（442），太武帝拓跋燾派兵攻打逃到敦煌的沮渠無諱，無諱棄城而走，西涼李暠的孫子李寶乘機從伊吾打回敦煌，奉表歸降於魏。北魏任命李寶的弟弟懷達為敦煌太守，封李寶為使持節、侍中、都督西陲諸軍事、鎮西大將軍、開府儀同三司、領護西戎

21　《十六國春秋輯補》，見《叢書集成初編》，中華書局1983年版。

22　《資治通鑑》卷一一五。

校尉、沙州牧、敦煌公，承製統轄玉門以西的廣大地區。太平真君六年（445）北魏徵李寶入朝。因此，北魏完全控制敦煌應該是445年以後的事。

北魏領有敦煌之初，於敦煌置敦煌鎮，李吉甫《元和郡縣圖志》卷四〇記載：「後魏太武帝於郡置敦煌鎮，明帝罷鎮立瓜州，以地為名也，尋又改為義州。莊帝又改為瓜州。」西魏、北周因之未改。

南北朝時期是我國佛教發展的狂熱時代。北魏事佛佞佛的情況，《魏書‧釋老志》和《洛陽伽藍記》是其實錄，而北方留存至今的各地石窟寺是其物證。北魏佛教的發展，還和涼州有直接的關係。《魏書‧釋老志》稱：「太延中，涼州平，徙其國人於京邑。沙門佛事皆俱東，象教彌增矣。」與北魏佛法興衰有著重大的關系的玄高、曇曜、師賢，都是從涼州去的。

北魏時期的敦煌，我們知道得很少，碑碣不見記載，史籍很少著錄，《魏書‧地理志》瓜州條下，幾乎是空白。它和《晉書‧地理志》所載敦煌郡為涼州八郡之最，形成鮮明的對比。由於史料缺乏，北魏時期的莫高窟，我們只能「就窟而論」了。

北魏時期的莫高窟，我們在沒有進行排年以前，認為洞窟不少。現在經過排年，只有10個，加上窟前發掘新發現的3個繪塑無存的洞窟，總共13個。

這時候洞窟形制趨向統一，多數都是人字披、中心塔柱窟。壁畫佈局可以從上到下分為幾個大段：繞窟頂一週為天宮伎樂（人字披下畫大幅說法圖、降魔變）；第二段為千佛；第三段是故事畫；第四段是夜叉。第257窟是這種佈局的代表。壁畫內容除承襲前代以外，又出現了摩訶薩埵捨身飼虎本生、鹿王本生、難陀出家因緣、須摩提女因緣、沙彌守戒自殺品。

　　北魏時期，僧尼的宗教活動重在坐禪，塑像題材有說法、苦修、禪定等佛像，有交腳、思維等菩薩像，壁畫中的千佛和上述故事畫，都和「坐禪觀佛」有關。

　　武周《聖歷碑》敘述了樂僔、法良之後，寫道：

　　復有刺史建平公、東陽王等各修一大窟，而後合州黎庶造作相仍，實神秀之幽岩，靈奇之淨域也……爰自秦建元之日，迄大周聖歷之辰，樂僔、法良發其宗，建平、東陽弘其跡……

　　從莫高窟現存北周洞窟來看，「建平、東陽弘其跡」一語，絕不是浮誇的頌辭，只是人物次序應該換過來，叫作「東陽、建平弘其跡」。為什麼會顛倒了呢？宿白先生提出了兩種可能[23]，我再加上一種可能，叫作「倒敘法」。僅舉二例：

　　《周書》《北史》《隋書》說建平公於義「歷西兗、瓜、邵三州刺史」這一記載本身就是倒敘的，因為據我們考證，於義的任職先後應是邵、瓜、西兗[24]。

　　《新唐書·於志寧傳》記載，永徽四年（653）於志寧與右僕射張行成、中書令高季輔俱賜田，「志寧奏：臣家自周魏來，世居關中，貲業不墜……願以臣有餘賜不足者。」於志寧是建平公於義的孫子，他在追述其家世時，先說北周，後說北魏，也是倒敘。史書上此種記載屢見不鮮。

23　宿白：《敦煌莫高窟早期洞窟雜考》，載《大公報在港復刊三十週年紀念文集》，後收入《中國石窟寺研究》，文物出版社 1996 年版，第 214—225、410 頁。

24　詳見拙作《建平公與莫高窟》，敦煌文物研究所編《敦煌研究文集》，甘肅人民出版社 1982 年版。

據《魏故金城郡君墓誌》,魏明元帝第四代孫元榮於孝昌元年(525)前出任瓜州刺史,來到敦煌。這時,六鎮起義已經開始,河西的涼州也已經「據州反」。關隴起義發生以後,永安二年(529),元榮被封為東陽王。元榮也很信佛,到敦煌後寫經不少,在「王路否塞,君臣失禮」的形勢下,更是要祈求佛的保佑,使之「四方附化」。建明二年(531),關隴起義失敗。但北魏也很快告終,政權落入宇文泰和高歡手中,分裂為東魏、西魏。元榮在北魏晚期至西魏初期一直任刺史。在佞佛的元榮刺史瓜州將近 20 年期間,莫高窟凡興建洞窟,都和東陽王元榮有直接或間接的關係,完全是順理成章的事。其影響嚸然比「修一大窟」要大得多。從現存西魏七個洞窟來看,尤其是有大統四年(538)、五年(539)題記的第 285 窟,明確地告訴我們,從洞窟形制到壁畫內容、藝術風格都有新的發展:方形倒斗頂這一窟形,不僅開了一代新風,而且是後代石窟的基本形制;壁畫內容出現了七佛、五百強盜成佛故事和漢民族的傳統題材——東王公、西王母、伏羲、女媧、風神、雷神、開明等等;藝術風格上,南朝秀骨清像的畫風,像窟前一夜春風吹綻的梨花,格調典雅高潔,突然出現在壁畫上。

中原王朝派皇室成員長期牧守敦煌,東陽王是開天闢地頭一個。此時此地敦煌藝術散發著濃郁的中原藝術的芳香,人們自然會欣然同意在莫高窟「弘其跡」者首推東陽王。

建平公於義,史傳簡單,不見有信佛的記載,只武周聖歷碑提到在莫高窟「修一大窟」。於義一家,從北魏起就顯赫一世,歷西魏、北周直至隋、初唐而不衰,尤其是北周時期,一門十大將軍。於義刺史瓜州時,其顯赫地位不亞於西魏當年的東陽王。建平公所造之窟,我

們推定為第 428 窟。僅此一窟，也就不負「弘其跡」的盛名了[25]。

北周洞窟，共 12 個，新出現的內容有：浮塑羽人、壁畫佛傳、睒子本生、盧舍那像、五塔變、涅槃變、須　提太子本生、善事太子入海品、須達拏太子本生、微妙比丘尼緣品、福田經變，一下子出現了這麼多新內容，就這一點，説「弘其跡」也不為過。

在北周洞窟中，人們可以隨處都感到建平公的存在，或者聯想到建平公：供養人行列中，雖然沒有建平公的題名結銜，但那形象高大、氣宇軒昂、華蓋隨頂、頭戴籠冠的男子，此時此地，非建平公莫屬；同一形象，在故事畫中則是國王、大臣；在天宮伎樂中，則是升天的長者；同是五百強盜成佛故事，和西魏的表現方法就不一樣，用 1/3 的畫面表示國王派大將出征，大將出征時身後還有舉持華蓋的侍者，而西魏時則根本不畫這些，這就不能不使人聯想到前往圍剿「強盜」的將軍就是「一門十大將軍」的建平公了。

破斥南北繼往開來

隋文帝楊堅於 589 年滅陳，結束了自 304 年劉淵起兵以來 280 多年的南北分裂，在北周的基礎上完成了統一全國的大業。隋雖短命，但對後世的影響很大。文帝創建的各種典章制度，為唐以後各期所因循。有些制度如六部尚書制，一直沿襲到清。隋的統一及其封建經濟的發展，是唐代統一及我國封建社會走向鼎盛的先聲。

隋代與西域各國的商業往來，比北周有所發展。《隋書・裴矩傳》載：「時西域諸藩，多至張掖，與中國交市。帝令矩掌其事。」裴矩通

25　詳見拙作《建平公與莫高窟》，《敦煌研究文集》，甘肅人民出版社 1982 年版。

過與西域商人交往，瞭解各國的風俗、山川、地理，撰成《西域圖記》。此書已佚，但其序言尚存，我們從中得知隋以前絲綢之路已發展為「發自敦煌，至於西海，凡為三道」。

隋煬帝好浮誇、尚排場，在張掖舉辦了「二十七國」參加的大會，「以示中國之盛」，後來在洛陽又有歷時近月的類似之舉，引得「蠻夷嗟嘆，謂中國為神仙」。這些舉動固然勞民傷財，但也從側面反映出隋的經濟力量強大。隋煬帝令與會者「佩金玉，被錦罽」，不由得使我們聯想到敦煌藝術進入隋代以後，佛、菩薩的錦衣玉珮，這正是隋代物質文明的直接反映。

南北朝時期南北分裂，佛教也有南北之分，「南重義理，北重禪行」。隋統一全國以後，佛教提出了「禪義均弘」，南北統一。

隋文帝篤信佛教，仁壽年間曾幾次下詔各州建造舍利塔，詔命遠至敦煌。在最高統治者的提倡下，敦煌莫高窟在短短 37 年的隋代，竟有洞窟 77 個。[26]

隋代洞窟，絕大多數是方形倒斗頂，西壁一龕，個別洞窟三壁開龕。與前代不同的是，龕的位置升高，龕體加深，龕沿兩層（又叫雙層龕），塑像題材增多。有的是一佛、二弟子、二菩薩；有的是一佛、二弟子、四菩薩；個別洞窟還出現了十大弟子（第 412 窟），個別中心柱窟塑三鋪一佛二菩薩（第 292、427 窟），還出現了三世佛（第 244 窟）、二天王、二力士（第 427 窟前室）。

隋代壁畫內容，故事畫減少，經變畫增多，各式各樣的「累世苦修」和「忍辱精進」已由「西方極樂世界」和「方便成佛」所代替。

26　隋代洞窟的科學排年正在進行中。此據敦煌文物研究所資料室所定洞窟時代而統計。科學排年以後，數字會有一定的變動（唐以後的也是如此）。

經變畫的種類有：維摩詰經變 11 幅（262、276、277、314、380、417、419、420、423、425、433 窟），彌勒經變 9 幅（62、262、416、417、419、423、425、433、436 窟），東方藥師變 4 幅（394、417、433、436 窟），涅槃變 4 幅（280、295、420、427 窟），法華經變 3 幅（303、419、420 窟），福田經變 1 幅（302 窟），西方淨土經變 1 幅（393 窟）。這時候的經變畫，儘管種類不多，有的畫面簡單，畫幅不大，但它是唐代大幅經變畫的雛形。從各方面來看，隋代都是承上啟下、繼往開來的過渡時代。

大地形容盛靈光繪畫宣*

　　唐代前期，是我國封建社會的鼎盛時期。《隋唐嘉話‧上》說：「貞觀四載，天下康安，斷死刑至二十九人而已。戶不夜閉，行旅不齎糧也。」杜甫《憶昔》詩中說：「憶昔開元全盛日，小邑猶藏萬家室。稻米流脂粟米白，公私倉廩皆豐實。九州道路無豺虎，遠行不勞吉日出。齊紈魯縞車班班，男耕女桑不相失。宮中聖人奏云門，天下朋友皆膠漆。百餘年間未災變，叔孫禮樂蕭何律……」這一時期的敦煌，農業經濟有所發展。「太守到來山泉出，黃沙磧裡人種田。」岑參這兩句詩說明地方官吏比較重視水利建設，勞動人民興修水利，戈壁灘上擴大了耕地面積。（只要有水，戈壁灘上可耕之地非常多，今天仍然如此。）再從敦煌遺書殘捲上看，敦煌當時的灌溉渠道很多，主要的干渠、支渠就有 37 道，主渠三丈渠就因渠面寬三丈而得名，可見水利的發達。農業生產工具也有所改進，莫高窟第 445 窟彌勒經變所畫的曲轅犁，正反映出當時最先進的農業生產工具已經在敦煌使用。

　　安西四鎮的設立，使中西陸路交通暢行無阻，中外經濟文化的交

流空前發達，越蔥嶺直達地中海，各國王子、使節、商隊、僧侶，絡繹不絕於路。這時的敦煌，並未因玉門關內徙安西而失掉重要的地位。玄奘東歸，太宗令敦煌吏民「赴流沙迎接」。敦煌以西 110 里有興胡泊，就是專門接待胡商的地方。敦煌唐代壁畫維摩詰經變中的各國王子圖，就是當時敦煌畫家從現實生活中攝取的形象記錄。

　　唐代前期的佛事活動，玄奘可以作為代表。太宗佛道並行，武后專崇佛學。李唐一代，將近 300 年，經濟文化的繁榮，為敦煌藝術的發展提供了有利的條件。因此莫高窟現存唐代洞窟就有 232 個，其中屬於前期的有 127 個。

　　此時的莫高窟，「前流長河，波映重閣」，空前壯觀。武周聖歷碑有一段全面的描寫：

　　西連九隴阪，鳴沙飛井擅其名；東接三危峰，泫露翔云騰其美。左右形勝，前後顯敞，川原物麗色新，仙禽瑞獸育其阿，斑羽毛而百彩；珍木嘉卉生其谷，絢花葉而千光。爾其鑱崿開基，植端口而概日；球山為塔，構層台以篷天。刻石窮阿育之工，雕檀極優闐之妙……升其欄檻，疑絕累於人間；窺其宮闕，似神遊乎天上。

　　唐代前期的彩塑，不但題材增多，而且千姿百態。新出現的有：遊戲座大菩薩，騎獅文殊、騎象普賢，涅槃像，弟子群像，符拔等[27]。即使過去有的題材，也是千變萬化；同是天王，有的竟成了西域「胡人」；同是地神，有捲髮多鬚髯的人，有豬頭人身獸爪的非人非畜，有

27　《續漢書》曰：「符拔，形似麟而無角。」（轉引自《後漢書》注）這一記載和莫高窟第 384 窟前室、第 334 窟龕外的動物一樣，過去我們稱它麒麟。

化生童子。至於菩薩，更是名副其實地婀娜多姿，凡形容女性美的辭藻都可以用上而不過贊。

　　這時候的壁畫佈局，也一反舊式：四壁最下層的夜叉不再出現，其位置被供養人所占，或者被通壁大畫所代替；四壁上端的天宮伎樂，亦不再沿窟旋飛，而成為「西方極樂世界」的成員，或翱翔於天空，或進入平台、樂池，圍繞著佛而盡供養之職；千佛大都上升於窟頂。這樣，除西壁正中為龕所占而留給塑像以外，其餘三壁則繪以大型經變。通壁大畫的出現，是唐代敦煌壁畫的特點。它規模雄偉，人物眾多，色彩絢麗。魯迅先生在《論「舊形式的採用」》中曾說：「在唐，可取佛畫的燦爛」，完全如此。

　　唐前期的經變畫有 17 種 117 幅：

　　有「未生怨」「十六觀」畫面的觀無量壽經變 23 幅：初唐 209、431 窟；盛唐 45、66、103、113、116、120、122、148、171（3 幅）、172（2 幅）、176、194、208、215、217、218、320、446 窟。

　　沒有「未生怨」的西方淨土經變（據《阿彌陀經》，或據《無量壽經》、《觀無量壽經》繪製）18 幅：初唐 71、78、123、124、205（北壁）、211、220、321、329、331、334、335、340、341、372 窟；盛唐 44、205（南壁）、445 窟。

　　彌勒經變 25 幅：初唐 71、78、123、124、329、331、334、338、340、341、372 窟；盛唐 23、33、91、109、113、116、148、180、208、215、218、387、445、446 窟。

　　維摩詰經變 13 幅：初唐 68、203、206、220、242、322、332、334、335、341、342 窟；盛唐 103、194 窟。

　　涅槃經變 7 幅：初唐 332 窟；盛唐 39、46、120、130、148、225 窟。

法華經變 7 幅：初唐 5 幅：202、331、335、340、341 窟；盛唐 23、31 窟。

觀音經變 5 幅：初唐 205 窟；盛唐 45、126、217、444 窟。

佛頂尊勝陀羅尼經變 4 幅：盛唐 23、31、103、217 窟。

藥師經變 2 幅：初唐 220 窟；盛唐 148 窟。

報恩經變 2 幅：盛唐 31、148 窟。

金剛經變 2 幅：盛唐 31、217 窟。

十輪經變 2 幅：初唐 321 窟；盛唐 74 窟。

天請問經變 1 幅：盛唐 148 窟。

華嚴經變 1 幅：盛唐 44 窟。

勞度叉斗聖變 1 幅：初唐 335 窟。

千手千眼觀音經變 2 幅：盛唐 79、148 窟。

如意輪觀音經變 1 幅：盛唐 148 窟。

不空覆索觀音經變 1 幅：盛唐 148 窟。

中國佛教發展到了唐代，「無情有性」的佛教哲理流行於當時，「放下屠刀，立地成佛」也作為一種口號而正式提出來。在此情況下，經過「累世苦修」才能成佛的說教，亦隨之失去作用。反映在佛教藝術上，小孩「聚沙成塔」皆可成佛的法華經變；莊稼「一種七收」，樹上「自然生衣」，人們「視金錢如糞土」的彌勒經變；只要你一心唸佛，「九品往生極樂世界」的觀無量壽佛經變；只要誠心念阿彌陀佛，「遲則七日，快則一日」就可以「往生極樂世界」的阿彌陀經變；只要唸一聲「藥師佛」的名號，一切無救、無歸、無醫、無藥、無親、無家等苦難可以得救，逢凶化吉，遇難呈祥的藥師經變，等等，相應而生。

唐代壁畫題材，除上述經變畫以外，還有密教畫和三寶感應事蹟畫。

　　密教是佛教的一個派系，重禪觀，奉真言，講法術。密教形象多「變相」，如觀音變成「千手千眼」，文殊變成「千手千鉢」，還有什麼不空羂索觀音、如意輪觀音，或三頭六臂，或六臂八面、十一面。密教經典的翻譯，三國時候就有。從敦煌現存的壁畫內容來看，西魏第285 窟的部分內容就可能與密教有關。初唐第 321、334 窟東壁就有六臂十一面觀音，至今色彩如新。但是，和密教的傳播、發展相一致，敦煌壁畫中的密教畫在盛唐以後才普遍流行[28]，不過題材仍很簡單，不出以上所述。

　　根據三寶感應事蹟繪製的故事畫，在唐代前期，只有初唐的第 323 窟有集中反映，它們是：張騫出使西域求佛名號故事、佛曬衣石故事、佛圖澄故事、阿育王拜外道塔、康僧會東吳傳法故事、西晉石佛浮江、東晉高悝得金像、隋文帝迎曇延法師祈雨[29]。

破卻吐蕃收舊國，表進戈矛奉大唐*

　　755 年，唐王朝統治階級內部發生了安史之亂，歷時九年，嚴重地摧毀了社會經濟，中國封建社會由鼎盛走向衰弱，唐王朝從此一蹶不振。與這種形勢相一致，敦煌莫高窟藝術也從它的頂峰跌落下來。

　　安史之亂以後，吐蕃奴隸主趁機占領河西。建中二年（781）敦煌為吐蕃所占領[30]。大中二年（848），敦煌人張議潮趁吐蕃內訌，帶領蕃漢人民，一舉趕走吐蕃貴族，並進而收復河西。唐封張議潮為瓜、

28　有關密教這一段文字，摘自宿白先生的講義《敦煌七講》（未刊）。

29　請參閱金維諾先生：《敦煌壁畫中的中國佛教故事畫》，《美術研究》1958 年第 1 期。

30　此據向達先生的考證，請參見《羅叔言〈補唐書張議潮傳〉補正》，《唐代長安與西域文明》，生活‧讀書‧新知三聯書店 1957 年版。

沙、伊、西等十一州節度使，建歸義軍，敦煌此後為張氏所統治。因此，唐後期的敦煌藝術，又可分為吐蕃統治時期和張氏統治時期。

吐蕃奴隸主很信佛，把僧侶的地位抬得很高，甚至讓一些高僧直接參與政事。但其所用高僧，很多是漢人。如後來給張議潮往長安送表的悟真的師父洪䛒，吐蕃時代就是知釋門都法律兼攝行教授；張議潮女婿李明振的叔父僧妙弁，被吐蕃贊普留在跟前參與政事，兼「臨壇供奉」。吐蕃用漢族僧人作僧官，決定著吐蕃統治時代的佛教藝術，與唐前期一脈相承的大前提下打上自己的印記。比如：在壁畫中，凡根據佛經需要有國王出場的地方，吐蕃贊普就在侍從的前呼後擁下站在大王、小王之前，莫高窟第 159 窟、231 窟、237 窟維摩詰像下面的聽法圖，第 158 窟大涅槃像窟北壁的舉哀圖就是如此。到張議潮收復河西以後，吐蕃贊普的形象就悄悄地消失了。從內容方面說，凡是唐前期的題材，吐蕃時期一樣不少，又出現一些新的經變畫。張氏統治時期又在原有的基礎上有所發展，經變畫種類之多達到高峰。

唐代後期新出現的經變有：大方便佛報恩經變 20 幅，天請問經變 18 幅，金剛經變 17 幅，華嚴經變 13 幅，金光明經變 8 幅，楞伽經變 5 幅，賢愚經變 3 幅，思益梵天所問經變 3 幅，報父母恩重經變 2 幅，密嚴經變 2 幅。這時候的經變畫，雖然種類增多，但是已走向程式化，每一種經變的佈局如出一模；通壁大畫已經不多，而是一壁畫幾幅經變，因此一窟可畫好多種經變，最多可達 15 種（第 85 窟）。要弄清產生這種情況的各種原因，還有待於今後深入研究，下面談點很不成熟的看法。

從佛教本身的發展來看，可能和判教有關。唐以前，隨著佛經的大量翻譯，佛教內部長期存在著理論上的分歧。入唐以來，道教勢力有所發展，也於佛教不利。同時，其他反佛教的一切理論，都從不同

的方面與佛教展開了鬥爭。為了加強佛教在理論戰線上的防禦力量，共同對付來自外部的唯物主義攻擊，各宗派都建立了判教的體系。判教，就是佛教各宗派根據自己的觀點、方法，把所有的佛教經典著作和理論加以系統地批判和整理，重新估價、安排。其目的在於説明：佛教的一切經典著作不但不互相矛盾，而且是互相補充的，之所以有互相矛盾的現象，是因為佛對不同的聽眾、在不同的時機進行不同的説教。如天台宗，把佛教的一切經典著作經過他們的批判、整理以後分為五時與八教。所謂五時，就是佛講經的五個時間：華嚴時、鹿苑時、方等時、法華涅槃時。所謂八教，就是分別佛在五個時間所講的內容和方式。如：華嚴時，是佛對已有佛教深厚基本知識的聽眾宣傳的道理，講的是《華嚴經》；鹿苑時，是對一般不瞭解佛教的聽眾講的，説的是四阿含經；方等時講的是《維摩詰經》《思益梵天所問經》《楞伽經》《楞嚴經》《金光明經》等。唐代後期的敦煌壁畫內容，可能和判教有著一定的關係[31]。

　　從世俗作用來説，可能和唐以後俗講的興盛有關。從壁畫上我們往往看到許多題榜，就是用文字來註解畫面內容。題榜，唐以前就有，現存最典型的是第 254 窟（北魏）的千佛題名、第 285 窟（西魏）的發願文和供養人題名，但和講唱無關。到了唐代，開始出現用經文、偈語來註解畫面，如第 45 窟的觀音經變、23 窟的法華經變。尤其是唐後期張議潮統治時代及其以後修建的洞窟，題榜上的文字，既不是經文，也不是偈語，而是「提示」性的文字。藏經洞出土的俗講話本（變文），少數有圖，多數隻有文而無圖，但從行文中的「若為陳説」

31　「判教」一節，系采任繼愈先生之説，請參見《漢唐佛佛思想論集》，人民出版社
　　1973 年版。

來看，開講時應是有圖的。唐代的文漵在長安開講，「聽者填咽寺舍」。由此我們可以想見，敦煌此時的壁畫，有圖有文，以圖為主，如果有俗講法師於執話本在窟中開講，也會是吸引「愚夫冶婦樂聽其說」的。

唐代後期的壁畫內容，除宣揚「快速成佛」「往生極樂世界」以外，值得注意的是大方便佛報恩經變的大量繪製，報父母恩重經變的出現，張議潮夫婦出行圖的出現，通壁大畫勞度叉斗聖變的寓意。

唐玄宗曾御注《孝經》《金剛經》，所以敦煌遺書 P.2721 說：「歷代已來無此帝，三教內外總宣揚，先注《孝經》治天下，後注《老子》及《金剛》。」唐德宗大搞儒、道、佛合流，常在宮廷內舉行「三教講論」。在皇帝的提倡下，太常卿韋渠牟，是儒生，當過道士，後來又當了和尚，可謂集儒、道、佛於一身。在這樣的形勢下，宣傳知恩報恩、報佛恩、報父母恩的報恩經變和按照《孝經》編造的報父母恩重經變，是很符合統治者需要的。

張議潮出行圖和河內郡夫人宋氏出行圖是張議潮收復河西以後這一特定歷史時期的產物。張議潮事蹟，正史無傳，散見於碑刻、敦煌遺書中的材料，雖不完備，但已屬字字珠璣，而這兩幅出行圖是他離開敦煌前出現的作品[32]，且不說它的藝術價值和可資考證的歷史價值，僅作為他生前的遺物，也是難得的瑰寶。

勞度叉斗聖變，唐初的第 335 窟（垂拱二年，686）曾出現過一幅，以後不見於盛唐、中唐（吐蕃統治敦煌時期）。張議潮收復河西（848）以後，也就是說，將近 200 年以後，突然復現舍利弗（代表佛

32　根據繪有該出行圖的第 156 窟前室的《莫高窟記》，此窟成於咸通六年（865）以前。咸通八年（867），張議潮入朝，十三年（872）卒於長安。

教）如何戰勝勞度叉（代表外道）的大型勞度叉斗聖變，人們

很自然地聯想到畫中可能寄予當時當地人們抗擊、驅趕吐蕃奴隸主的寓意。

唐代後期，三寶感應故事畫更多，計有：于闐毗沙門決海、牛頭山、毗盧舍那樹下晏坐、阿育王建八萬四千塔、尼波羅火池、末田伽羅送工匠上天睹釋迦真容、僧伽羅國佛俯首授珠像、雙頭佛、張掖郡古月支王瑞像、南天竺彌勒白像等。

曹氏守瓜沙三危夕照明

張議潮死後，歸義軍政權，張氏女婿們你爭我奪，事實上和藩鎮割據一樣，歸義軍衙門就是割據政權。進入五代以後，曾經當過長史的曹議金於 914 年掌握了歸義軍政權。此後，曹氏世守敦煌將近 140年。因此，五代至北宋初期的敦煌，我們稱之為曹氏統治時期。

五代時期，中原喪亂，地處河西走廊西端的瓜沙二州，東有回鶻稱雄，西有于闐強盛，若處理不好東鄰西友的關係，瓜沙就不得安寧。到了宋代，瓜沙雖為中原管轄，但一直為西夏所覬覦。在此形勢下，曹氏採取了一些有效措施：五代時是東結回鶻西聯於闐，具體手段是聯姻；到了宋代，則遠交遼以對付西夏。與此同時，終五代、宋，一直向中原各朝廷稱臣納貢，以取得承認和敕封，或爭取「星使降臨」，用以表示其政權的合法性。就瓜沙二州內部而言，從敦煌遺書和敦煌石窟的修建、供養人題記來看，曹氏采取了如下措施：一是集政權、軍權、族權、神權、財權于歸義軍衙門，也就是集中到曹氏手裡；一是加官晉爵以籠絡瓜沙望族和大小地主。曹氏時代，歸義軍節度衙門的官員數目龐大，職權擴大到幾乎無所不包的程度。如莫高窟

第 98 窟供養人題名中，光「節度押衙」就有 97 人，所見官銜有 18 種（按制度規定應設職官不在此列）。節度衙門不僅管軍、管民，還管農業、手工業、商業、文化、教育、宗教。供養人題名結銜就有：水官、知四界平水、知打窟都計料、知木匠□□（都料）、知版築使、雕版押衙、知金銀行都料、弓行都料、都畫匠作、酒司、伎匠都料、都勾當畫院使等。從敦煌遺書看，歸義軍衙門本身就有手工業作坊，工匠編為「作坊隊」，有正副隊長，一位叫張員進的副隊長，因「奇工傑世，巧勝出群」而被提升為衙前正十將（P.3347）。文化教育方面，節度押衙隨軍參謀翟奉達就是有名的歷學家，後來他的官銜是「朝議郎檢校尚書工部員外行沙州經學博士兼殿中侍御史」（P.2623）。宗教方面，歷代曹氏都信神弄鬼，尤其提倡佛教。從敦煌遺書看，不僅都僧統、僧統、臨壇大德、僧正等僧官要由歸義軍節度使任免，而且僧尼的度牒都得由節度使批授。五代、宋時期，敦煌寺院林立，不僅有馬家蘭若、索家蘭若等私家大族的寺院，而且僧官、尼主也都為曹氏的貴戚姻親所把持。

五代宋時期的瓜沙，曹氏的政治經濟實力比較雄厚，又有權役使人民，因此在莫高、榆林二處大興佛教造像和洞窟修建。此前，大概在晚唐時期，莫高窟有過一次崩塌。曹氏時期曾對大面積的崖面繪畫一次，並且整修了窟前棧道，修建了四座窟簷，開鑿了第 53、55、61、98、100、108、454 等大型洞窟。從莫高窟窟前發掘清理出來的窟前殿堂遺址看，24 個遺址中，五代、宋時期的就有十幾個。就莫高窟外貌來說，這一時期還是頗為宏偉壯觀的。

曹氏統治時期的洞窟，從現存情況看，有 61 個。但除了上述幾個大型洞窟外，其餘都是修改舊窟而成，往往下層還保存前代的原畫。如果我們再仔細巡視的話，就會發現，在現存的 492 個洞窟中，沒有被

曹氏時代染指的洞窟幾乎很難找到。他們或者全窟覆蓋，或者把窟門縮小，在門洞兩側畫上自己的供養像，哪怕在前代中心塔柱的塔基上畫上幾身，以滿足自己「增福延壽」的願望。

　　曹氏時代新開的洞窟，為了避免過多的毀掉舊窟，多半把甬道加深，避開兩側或上層的洞窟而深入崖腹，鑿出方形大室，室內正中留有馬蹄形（凹）佛壇，壇的後沿有一個直通窟頂的大背屏。這種形式，晚唐時期已經出現，所不同的是，窟頂四角挖進去一塊，如淺龕一般，內畫四天王，意思是請天王「來此鎮窟」。按原修時的情況，馬蹄形的壇上都有較大彩塑，現僅第 55 窟還殘存幾身，其中托蓮座的天王可作宋塑的代表。

　　這一時期的中小型洞窟，龕內多半隻塑一佛，各壁畫十大弟子、四大菩薩和天龍八部，而且題榜文字都還清楚地保存著。單身造像的再一次出現，是一個值得注意的問題。

　　五代、宋時期的敦煌壁畫，從藝術性上說，自然比不上唐代，論者用「夕陽無限好」來形容，無疑是恰當的，但並非「已是近黃昏」。從內容上說，唐代 21 種經變，除涅槃變以外，其餘全部保留，並且新出現了佛頂尊勝陀羅尼經變，大型五台山圖、曹議金出行圖、回鶻夫人出行圖、通壁大畫劉薩訶和尚事蹟等；就洞窟的完好程度來看，有色彩如新的第 6 窟，宏大、富麗的第 61、98 窟；從形式的新穎來看，有尚待研究的第 76 窟；從藝術性上說，有堪稱代表的第 36 窟。所以筆者認為，曹氏守瓜沙，三危夕照明，而西夏、元代的莫高窟，則是整個敦煌藝術的「迴光返照」，已是近黃昏了。

　　曹氏東結回鶻、西聯于闐的政策，也在壁畫上反映得很充分，這就是供養人畫像。其中題榜可辨的就有：「北方大回鶻國聖天可汗天公主」像，「大朝大寶于闐國大聖大明天子」李聖天的像，「北方大回鶻

聖天的子敕受秦國天公主隴西李氏」像，「大朝大於闐國大政大明天冊
全封至孝皇帝天皇后」曹氏像，「大朝大于闐國天冊皇帝第三女天公主
李氏為新受太傅曹延祿姬」供養像，還有「大寶于闐國皇太子從連、
琮原」的題名，等等。各族首領及其眷屬集於一窟，不正是當時的現
實反映嗎？他們「側立衣冠偉，分行劍佩聯」，為莫高窟藝術增添了不
少光彩。

曹氏統治時期，東結回鶻，西聯于闐，祖國西北各族不因你爭我
奪而兵戈不息，人們能有一個從事生產勞動的安定環境；「自瓜沙抵于
闐，道路清隘，行旅如流」，有利於彼此交往；敦煌一地更是「六番之
結好如流，四塞之通歡似雨」（P.2481）使者往來不斷，商業興隆。這
些都是應當肯定的。不僅如此，當時于闐、瓜沙、回鶻還時常一起派
使者結伴前往中原，保持了西北各地方政權與中原王朝的聯繫。

羌笛夜吹蒲海月氈盧寒阻玉關春*

1037 年，西夏占領瓜沙二州，為時達 180 多年的歸義軍政權從此
告終。

西夏立國者趙元昊，既「通蕃漢文字」，又「曉佛圖學」。少數民
族統治先進地區，總要藉助一種宗教以懾服人心，從十六國起就是如
此，趙元昊也不例外，他甚至提出以「佛圖安疆」的口號。因此，西
夏統治下的敦煌莫高窟，200 年間留下了大量的佛教藝術作品。不過，
它基本上沒有新開洞窟，都是覆蓋前代洞窟而繪的。根據初步排年，
現存西夏洞窟77個（其中有14個洞窟同時存在兩個時代的壁畫）。

西夏塑像，僅存第491窟的兩身供養天女是原作，其餘能說明西
夏藝術風格的不多。壁畫題材簡單，好些經變畫只有樓台亭閣、佛說

法、天人圍繞、蓮花、水池、化生，沒有任何故事情節，竟不知所畫何以為名。單身藥師佛是西夏時代比較普遍採用的題材。滿壁綠底色千佛，浮塑貼金五龍藻井，這是莫高窟西夏洞窟給人的突出印象。從藝術水平、歷史價值方面看，第 409 窟的回鶻裝西夏男女供養人和窟頂紅底團花圖案、第 223 窟東壁的文殊普賢變、第 130 窟窟頂的團龍藻井及飛天，可以說是西夏時代的代表作。

1227 年，元太祖攻破沙州，歸「八都大王」管轄，至元十四年（1277）復立沙州，十七年（1280）升為沙州路，屬於甘肅行中書省。

元朝除了重視儒家思想以外，道教、佛教、伊斯蘭教、基督教一起提倡，重點是儒道佛「三教平心」，即「以佛治心，以道治身，以儒治世」。在提倡佛教方面，大封國師、帝師，凡設官，都是僧俗並用。

元王朝的勢力到達西藏以後，西藏薩迦派密教傳入內地，並流行全國，因而莫高窟也出現了藏密。

元代全國寺院四萬幾千所，幾乎超過了佛教極盛的唐代。莫高窟窟前元代殿堂遺址的發現以及速來蠻西寧王一家重修皇慶寺，就是元代寺院林立的反映。

莫高窟現存元代洞窟 9 個，以第 3、第 465 窟為代表。第 3 窟可以說是一個「觀音洞」，大大小小的觀音畫滿了壁間，尤其是南北兩壁的十一面千手千眼觀音，中外觀眾莫不讚歎。她面部端莊慈祥，手臂珠圓玉潤，素裝無華，亭亭玉立。而這一切，都出自藝術家的一條「線」。美術家們普遍認為，此畫創作者的線描功夫，可謂達到爐火純青的地步。此窟的壁畫製作、敷彩也是獨一無二的。第 465 窟是藏密的代表，四壁上部畫明王像，下部畫織布、養鴨、牧牛、制陶、馴虎、制皮、踏碓等 60 多幅人物畫，每幅畫的側面，都用紙箋寫出畫的內容，上半截是藏文，下半截是漢語。這批人物畫是研究當時社會某些

方面的形象資料。

風搖檉柳空千里月照流沙別一天*

元末明初的敦煌，記載缺乏。永樂三年（1405）於敦煌置沙州衛。正統十二年（1447）以後，沙州衛並人罕東衛。以後吐魯番強大，侵據哈密，明政府在沙州故地設罕東左衛，以對抗吐魯番。正德十一年（1516），敦煌為吐魯番所占。嘉靖三年（1524）閉嘉峪關，從此關外的情況是「風搖檉柳空千里，月照流沙別一天」。與這樣一種歷史現象相一致，敦煌莫高窟除了第 5 窟西壁有一條成化十五年（1479）的遊人題記以外[33]，別無明代實物。清康熙五十四年（1715）以後，嘉峪關外漸次收復。雍正元年（1723）於敦煌置沙州所，三年（1725）升為沙州衛，遷內地 56 州縣民戶至此屯田，並派光祿少卿汪　督修沙州城，就是新中國成立前的敦煌城。汪　勤於公務，留心文物，曾作《敦煌懷古》六首、《城工告成》四首、《登沙州城樓出郊看千佛洞墩台》二首、《游千佛洞》長詩一首[34]。那時的千佛洞（即莫高窟）已經是「字落殘碑在，叢深蔓草纏」了。

附記：

本文雖是通俗性介紹文字，但文中涉及的莫高窟的種種材料，卻是敦煌文物研究所的研究工作者多少年積累的結果，不是筆者一人所

33　此遊人題記現在能辨認的字是：「陝西行□等□處番達□安妥□降□感佛威力願番夷安妥人民□□成化十五年六月□」。

34　清道光十一年（1831）修《敦煌縣誌》。

能完成的，筆者僅僅是蒐集而已。又，凡有「*」的標題，均引自清朝
汪　《游千佛洞》和《敦煌懷古》詩。

（原載《敦煌研究》試刊號，1981 年）

建平公與莫高窟

　　557 年，宇文覺「受禪」，是為北周。敦煌從此屬北周治下，直至
581 年楊堅代周，首尾共 25 年。由於北週曆時不長，其間又有武帝滅
佛，莫高窟又未發現北周紀年的洞窟等，70 年代以前的莫高窟介紹，
都沒有北周洞窟。隨著研究的深入，並經過石窟考古排年，現在可以
肯定有北周洞窟。本文重點講建平公與莫高窟北周洞窟的一點關係。

一、建平公考略

　　武周聖歷元年（698）《李君（克讓）莫高窟修佛龕碑》在追述莫
高窟的歷史時，有這樣幾句：「復有刺史建平公、東陽王等各修一大
窟……樂傳、法良發其宗，建平、東陽弘其跡……」

　　北周時期，有兩人被封為建平公：一是於提（《北史》作於子
提），《周書‧於謹傳》記載：「保定二年（562）以謹（兒子於謹）著
勳，追贈使持節、柱國大將軍、太保、建平郡公。」於提沒有當過瓜州

刺史，與敦煌無關。一是於義，即於提的孫子，於謹的兒子。他的事蹟，《北史》附於《於栗磾傳》，《周書》附於《於謹傳》，只有《隋書》單獨有傳，但仍很簡略，總共才600字左右。現將重要之處摘錄如下：

於義，字慈恭，河南洛陽人也。父謹，從魏武帝入關，仕周，官至太師，因家京兆。義少矜嚴，有操尚，篤志好學。大統（535—551）末，以父功，賜爵平昌縣伯，邑五百戶，起家直閣將軍，其後改封廣都縣公。周閔帝受禪，增邑六百戶。累遷安武太守……進封建平郡公。明、武世，歷西兖、瓜、邵三州刺史。數從征伐，進位開府……

及高祖作相，王謙構逆，高祖將擊之……以義為行軍總管。謙將達奚惎擁眾據開遠，義將左軍擊破之。尋拜潼州總管……時義兄翼為太尉，弟智、兄子仲文並上柱國，大將軍以上十餘人，稱為貴戚。

歲余，以疾免職，歸於京師。數月卒，時年五十，贈豫州刺史，謚曰剛……

又據《隋書·高祖紀》，建平公於義死於開皇三年（583）。

據上引史傳，在敦煌莫高窟「弘其跡」的建平公應是於義。就是這位於義，與敦煌的直接關係也只有一句話：「明、武世，歷西兖、瓜、邵三州刺史。」那麼，於義任三州刺史到底是哪年至哪年呢，由於缺乏記載，只能略考其大概。

西兖州為北魏孝昌三年（527）置，此時於義尚未出世。534年分立東、西魏以後，直至北周武帝滅齊以前，西兖州一直歸東魏、北齊管轄。西魏、北周未見另置西兖州於自己轄境的記載。因此，於義任西兖州刺史的時間，應在建德六年（577）周武帝滅齊以後。又據《隋

書‧地理志》記載，北周曾改西兗州為曹州，但未記何年改。大像二年（580），於義隨梁睿平定所謂「王謙構逆」，接著出任漳州總管，一年多以後因病回京師，開皇三年（583）病死。基於上述情況，我們估計於義任西兗州刺史的時間，可能在 577—580 年之間。

邵州原來叫邵郡，地處洛陽與潼關之間，是東、西魏經常爭奪之地。557 年宇文氏代西魏，558 年於「邵郡置邵州」。此後任邵州刺史者，據《周書》記載，大體是：

武帝保定元年至天和元年（561—566），梁昕為刺史。

天和二年至五年（567—570），刺史不詳。

天和六年（571—?），鄭詡為刺史。

建德四年（575）以前，邵州一度被北齊占領，《周書‧劉雄傳》記載，建德四年北周「攻邵州等城，拔之」。

北周時期當過邵州刺史的還有韓德興，但不知何年。

根據以上記載，我們認為於義任邵州刺史的時間有三個可能：一是 558—560 年周明帝置邵州時期，二是 567—570 年之間，三是 575 年北周再次奪取邵州以後到 577 年北周滅北齊。在這三個可能性當中，又以第一個可能性較大，因為：

第一，自西魏至北周武帝以前，執政者一直把主要精力放在與東魏、北齊的爭奪戰上，而作為西魏、北周政權支柱的於家，任職都在長安附近（如於謹為雍州刺史，於寔歷任渭州、勳州刺史，於翼接於寔任渭州刺史，於義任安武太守），或任京官（於謹曾任司空、尚書、左僕射、太傅，於寔曾任吏部中大夫、尚書，於翼曾任左宮伯等）。

第二，明帝在位只有四年（557—560），《於義傳》又明確指出明帝時已做刺史。我們認為於義就在這時由安武太守陞遷為邵州刺史，就時間、地點而言，都是比較合情合理的。

北周明、武時的瓜州刺史，《周書》上有記載的是：

556—557 年（最遲到 560 年）韋琪為刺史。

保定二年至四年（562—564）李賢為刺史。於義任瓜州刺史的時間，可能在保定五年（565）以後，因為558—560 年他可能任邵州刺史。周武帝即位以後，勵精圖治，國力漸強，於家的子弟也分到各地任官：於寔任延州刺史，後遷涼州總管；於紹任綏州刺史；於顗任鄭州刺史；於仲文任安固太守。於義可能就是在這種情況下出任瓜州刺史的。

綜上所述，於義在「明、武世歷西兗、瓜、邵三州刺史」的時間大概是：558—560 年任邵州刺史，保定五年（565）至建德五年（576）任瓜州刺史，建德六年（577）武帝滅齊以後至靜帝大像二年（580）任西兗州刺史。大像二年以後任潼州總管。《隋書》所記「西兗、瓜、邵」是一種倒敘法。這種倒敘法，史書中屢見不鮮，就以於家為例：唐太宗時的太子左庶子、高宗時的尚書左僕射於志寧是建平公於義的孫子，《新唐書・於志寧傳》記載，永徽四年（653），高宗要給志寧「賜田」，他不要，上奏高宗，說：「臣家自周魏來，世居關中，貲業不墜……願以臣有餘賜不足者。」前引《聖歷碑》兩次說到「建平公、東陽王」，也是一種倒敘法。東陽王在建平公之前，按歷史順序，在莫高窟應該是「東陽、建平弘其跡」。

二、武帝滅佛

建平公於義在莫高窟「修一大窟」的時間，應是他任瓜州刺史之時。但是，在此期間又發生過武帝滅佛。這就出現了一個問題——武帝滅佛是否為莫高窟沒有北周窟的理由，這需要具體問題具體分析。

北周共歷 25 年，閔、明、宣、靜四帝都信仰佛教，就是武帝本身也同樣信佛，法琳《辯正論》卷三記載，武成二年（560）周武帝造織錦釋迦像，高一丈六尺，其上「菩薩、聖僧、金剛、獅子，周回寶塔二百二十軀」，又於「京下造寧國、會昌、永寧三寺，飛閣跨中天之台，重門承列仙之觀」，「見者忘歸，睹者炫目。凡度僧尼一千八百人，所寫經論一千七百餘部」。據《續高僧傳》卷二一《釋曇崇傳》，武帝對大和尚曇崇「時所欽承」，敕封為「周國三藏」，「並任陟岵寺主」。周武帝在位 18 年，而他的滅佛只是臨死前 4 年多的事情，其餘年代，上至皇帝、達官貴族，下至僧尼佛徒，一直在造寺、建塔、度僧、寫經，據《辯正論》卷三統計，「周世於文氏，五帝二十五年，合寺九百三十一所，譯經四人，一十六部」。由於「僧徒猥濫」「糜費財力」，後來周武帝接受衛元嵩的建議，下令滅佛。隋費長房《歷代三寶紀》卷一一載：

建德敦牂（三年，甲午，574 年）迄於作噩（六年，丁酉，577年），毀破前代關山西東數百年來官私所造一切佛塔，掃地悉盡，融刮聖容，焚燒經典。八州寺廟，出四十千，盡賜王公，充為第宅。三方釋子，減三百萬，皆復軍民，還歸編戶。

《周書・武帝紀》也記載，建德三年五月「初斷佛、道二教，經像悉毀，罷沙門、道士，並令還民。並禁諸淫祀，禮典所不載者，盡除之」。

從有關記載看，武帝滅佛相當堅決。據道宣《集神州三寶感通錄》捲上記載，周武帝的滅佛詔令也推行到瓜沙地區，瓜州城東的阿育王寺和沙州城內的大乘寺都遭毀滅。但是，如果我們結合滅佛前後的歷

史和現存實物來看，對武帝滅佛的影響就不能估計過高。

靠近長安的天水麥積山石窟保存至今的北周造像不少，著名的大都督李允信（也作李充信）在武帝保定、天和年間為其亡父造的七佛龕就是其中之一。

《廣弘明集》卷六記載，武帝平北齊時曾下令「凡是經像，皆毀滅之」。但洛陽龍門石窟卻完好地保存著像「藥方洞」「路洞」那樣有確鑿題年的洞窟。至於北齊、北周以前的洞窟，更是安然無恙。

莫高窟現存洞窟，據敦煌文物研究所的排年分期，有北周洞窟 14 個。雖然沒有確切紀年的洞窟，但也不是無跡可尋。第 442 窟北壁自東向西第六身供養人像題名為：「弟……主簿鳴沙縣丞張總供養佛時。」參考其他幾條題記，此條題記的全文可能是：「弟子敦煌郡主簿鳴沙縣丞張總供養佛時。」據《隋書·百官志》記載，北周時郡置太守、主簿，縣置令、丞。又據《元和郡縣圖志》卷四〇記載，敦煌縣「周武帝改為鳴沙縣，以界有鳴沙山，因以為名」。《太平寰宇記》卷一五三系此事於保定三年，即 563 年。歷史上的敦煌，只有北周至隋初才叫鳴沙縣。上引供養人題記中的職官、地名均與北周史實相符。

總之，周武帝滅佛，不等於佛教石窟寺蕩然無存。敦煌在武帝滅佛以後，很快就有開窟造像的記載，如第 220 窟甬道新出復壁壁畫的旁邊就有翟奉達的追記：「大成元年己亥歲（579）□口遷於三崅□□鐫龕口□□聖容立像……」這條記載足以說明，用武帝滅佛來簡單地否定莫高窟北周洞窟，顯然是不妥當的。

三、建平公窟的推測

按聖歷碑記載，建平公修造的應是一個大窟。莫高窟現存北朝窟

龕中，最大的莫過於第 428 窟，平面面積達 178.38 平方米，窟內供養人像 1200 多身。從壁畫內容來看，有莫高窟最大的薩埵飼虎本生、須達拏太子本生，有前所未有的五分法身塔、盧舍那法界人中像、涅槃圖。這規模宏大、盛況空前的第 428 窟的修造，從財力、物力、人力上看，北周時代的敦煌，非建平公莫屬。

另外，供養人慶仙的題名也為我們提供了此窟開鑿於建平公任瓜州刺史時的信息。本窟東壁門南上排供養人第二身題名：「晉昌郡沙門比丘慶仙供養。」慶仙其人，敦煌遺書中有明確的活動年代。S.2935《大比丘尼羯磨經》題記稱：「天和四年歲次己丑（569）六月八日寫竟，永暈（暉）寺尼智寶受持供養，比丘慶仙抄訖。」晉昌郡即安西縣（今瓜州縣），當時屬瓜州。慶仙比丘抄經的年代，正好是我們推算的建平公赴任瓜沙之時。

第 428 窟現存 1200 多身供養人像當中，除中心塔柱周圍是身分高的官宦形象外，還有許多僧尼形象，建平公的親屬也不至於有如許之多，這又該如何解釋呢？我們認為有兩種可能：

一是由建平公首先發起，做大施主，然後其餘的人踴躍響應，跟著一州之長作「隨喜功德」。這種情況，雖無前例，但後代卻有足資證明者，第 98 窟（五代）就是如此。

二是建平公離任以後重畫的。因為現存供養人不是原畫，而是粉刷後重畫的作品，但兩次畫都屬於北周時代，而非後代覆蓋前代的。這一點看法，敦煌文物研究所的研究人員大體一致。

建平公曾在莫高窟開窟「弘其跡」雖然有「碑」為證，但關於建平公窟的推測，只是我們粗淺的看法，還有待求正於敦煌藝術研究者。

（原載敦煌文物研究所編《敦煌研究文集》，

甘肅人民出版社 1982 年版）

關於莫高窟第 428 窟的思考

　　第 428 窟是非常引人注目的一個洞窟。莫高窟北朝 40 個洞窟中，最大的洞窟莫過於此窟，主室平面達 178 · 38 平方米，也是莫高窟最大的中心塔柱窟。洞窟內容也很有特點：影塑最多，共1485 身；供養人畫像最多，共 1242 身；新出現的題材也多，有涅槃圖、須達拏太子本生、五分法身塔、盧舍那法界人中像、獨角仙人本生、梵志摘花墜死因緣。除此之外，它的地理位置也很好，處在洞窟密集的南區中段，正對著如今參觀的入口處。諸多因素加在一起，即使是莫高窟滿目瘡痍、一片荒涼的清代，還有一座名叫「古漢橋」的土坯砌成的台階，從地面拾級而上直達此窟，「橋」下還有拱形橋孔，以供行人從窟前通過，宛如開啟之後的「涅瓦大橋」的半截，蔚為壯觀；一座牌坊，屹立於「橋」頭，成為莫高窟當年的一大景點。直至新中國成立前，窟內還有供桌、燈台，是善男信女做佛事的道場。因此第 428 窟成為學者們研究早期洞窟的重點是很自然的。就筆者所知，研究過此窟的主要文章有：

1937 年松本榮一《敦煌畫乃研究・圖像篇》中，最早（可能）對此窟的盧舍那佛定名為華嚴教主盧遮那佛圖，指出東壁北段須達挐本生故事是依據聖堅譯《須達挐太子經》繪製的，對摩訶薩埵本生圖也作了詳細考釋和深入研究。

1982 年，拙著《建平公與莫高窟》一文發表，比較詳盡地考證了建平公事蹟，並首次提出他所修的「一大窟」可能就是第428窟（載《敦煌研究文集》，甘肅人民出版社 1982 年版）。

宿白《敦煌莫高窟早期洞窟雜考》，原載《大公報在港復刊三十週年紀念文集》，現已收入《中國石窟寺研究》，文物出版社1996年版。

宿白《東陽王與建平公》（二稿），原載《敦煌吐魯番文獻研究論集》第4集，後收入《中國石窟寺研究》，文物出版社 1996 年版。

宿白《建平公於義續考》，同上書。

吉村憐著、賀小萍譯《盧舍那法界人中像的研究》，載《敦煌研究》1986 年第 3 期。

淺井和春《第 428 窟の窟內塑像について》，見昭和六十年度文部省科學研究費による海外調查《敦煌石窟藝術調查（第二次）報告書》第 5 章第 2 節，1987 年。

李玉玟《敦煌四二八窟新圖像源流考》，載台灣《故宮學術季刊》第 10 卷第 4 期，1993 年。

李玉玟《法界人中像》，載台灣《故宮文物月刊》第 11 卷第 1 期，1993 年 4 月。

趙聲良《莫高窟北周壁畫風格》，載《1990 年敦煌學國際研討會文集・石窟藝術編》，遼寧美術出版社 1995 年版。

賀世哲《莫高窟北朝五佛造像試釋》，載《敦煌研究》1995 年第 3 期。

在以上諸多文章中，就第 428 窟的壁畫內容而言，李玉玟博士的《敦煌四二八窟新圖像源流考》一文是最系統、最全面、最有見地的文章，她詳細考證了第 428 窟新出現的內容及其源流。

在前人研究的基礎上，我想僅就我所考慮到的一些問題，作一點論述，並求教於專家學者。有關第 428 窟的內容、佈局請見圖 1：

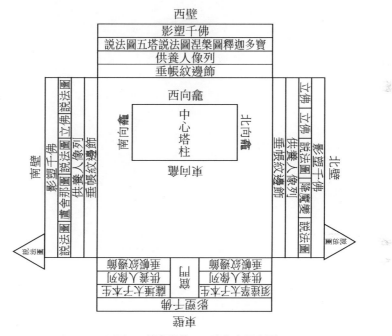

▲ 圖 1　莫高窟第 428 窟內容示意圖

一、關於五分法身塔的定名問題

第 428 窟西壁的五塔（圖 2），此前學術界有的先生將其定名為金剛寶座塔。明代劉侗等著《帝京景物略》卷五記載：「成祖文皇帝時，西番板的達來送金佛五軀，金剛寶座規式。詔封大國師，賜金印，建

寺居之。寺賜名真覺。成化九年（1473）詔寺准中印度式，建寶座……」[1]這就是現在尚存的北京真覺寺的金剛寶座塔。論者據此將第428窟的五塔圖也定名為金剛寶座式塔，自為一家之言。這可以說是定名的「國內依據」。

▲ 圖2　五分法身塔　第428窟西壁

有的先生引古代印度有關記載為例。《大唐西域記》卷八《摩揭陀國・上》記載：

菩提樹垣正中有金剛座……金剛所成，周百餘步，賢劫千佛坐之而入金剛定，故日金剛座焉。

《大唐西域記》卷八又記載：

1　劉侗、於奕正：《帝京景物略》，上海遠東出版社1996年版，第294頁。

菩提樹垣內四隅皆有大窣堵波。在昔如來受吉祥草已，趣菩提樹，先歷四隅，大地震動，至金剛座，方得安靜。

這是來自國外的「古印度依據」。其實，關於前一段引文，我們只能得出這樣的結論，即玄奘所記只是金剛座，並非金剛寶座塔。據考證，菩提樹垣正中的金剛座是公元前 3 世紀中葉阿育王所建，現僅存一塊砂岩磨製的台基。後一段引文也只是説菩提樹垣的四角有四座塔，釋迦在菩提樹下成佛之前，每到一角地皆震動，到金剛座這裡，方才安靜。玄奘也沒有説他當時見到的四隅有塔的形式叫金剛寶座塔或金剛寶座式塔。類似第 428 窟五塔圖的中國文獻記載，還見於《續高僧傳》卷二六《釋法周傳》：

仁壽建塔，敕送舍利於韓州修寂寺……寺有磚塔四枚，形狀高偉，各有四塔鎮以角隅，青瓷作之，上圖本事。

修寂寺的四組五塔也是中央主塔高偉，四角各配一小塔，塔上還繪佛傳故事，而且時代亦與第 428 窟的相差不多，但文中並未稱這種形式的五塔為金剛寶座塔。

賀世哲先生首先把這幅五塔圖定名為五分法身塔。關於五分法身塔的由來，《大唐西域記》卷八《摩揭陀國上·無憂王諸營造遺跡》中記載：

山西南有五窣堵波，崇基已陷，余址尚高，遠而望之，郁若山阜。面各數百步，後人於上重更修建小窣堵波。《印度記》曰：「昔無憂王建八萬四千窣堵波已，尚餘五升舍利，故別崇建五窣堵波。制奇

諸處，靈異間起，以表如來五分法身。」

這段引文至少可以說明五塔為一組，表示如來五分法身，至於是否中間高、四隅低，則不得而知。

隋代慧遠《大乘義章》卷二○記載：

五分法身，諸經多說。名字是何？謂戒、定、慧、解脫、解脫知見，是其五也……所言戒者，據行方便，防禁名戒。防禁諸過，永令不起。就實以論，法身體淨，無過可起，故名為戒。所言定者，據行方便，息亂住緣，目之為定。就實而辨，真心體寂，自性不動，故名為定。所言慧者，據行方便，觀達名慧。就實以論，真心體明，自性無暗，目之為慧。言解脫者，據行方便，免縛名脫。就實而辨，自體無累，故曰解脫。解脫知見者，據行方便，知己出累，名解脫知見。就實以論，證窮自實，知本無雜，名解脫知見。

季羨林先生等《大唐西域記校注》對於五分法身作了如下註釋：

佛教所謂以五種功德成為佛身，故名五分法身。一、戒身，謂如來已脫離身、口、意三業的一切過非的境地；二、定身，謂如來真心寂靜，脫離一切妄念的境地；三、慧身，謂如來真智圓明，了然宇宙本有的實性，達觀法性的境地；四、解脫身，謂如來身心解脫一切繫縛的境地；五、解脫知見身，謂如來以其真知而解脫，獲見法身。此五種程序即由戒而生定，由定而生慧，由慧而得解脫，由解脫而有解

脫真知。即以抑制肉體的、精神的慾望逐漸進至所謂「解脫」的境地。[2]

　　佛教所說的法身是與生身相對而言的。當釋迦牟尼佛的生身涅槃之後，眾弟子深感無所依護，內心十分恐慌。為瞭解決這個信仰危機，就由釋迦的十大弟子之一的大迦葉召集諸出家弟子，在王舍城結集釋迦生前所講的經法與戒律。所謂法身就是這些經法與戒律的概括，用現代漢語來表述，就是釋迦牟尼佛的基本學說或者基本思想。五分法身也可理解為釋迦牟尼佛的五項基本思想，即戒、定、慧、解脫、解脫知見。[3]②正因為五分法身概括了釋迦牟尼佛的五項基本思想，所以，大小乘佛教乃至密宗對其都很重視。

　　據晁華山先生研究，克孜爾石窟寺院組成中有一種五佛塔寺院。[4]又據宿白先生介紹，20世紀初，格倫威爾德從拉薩一位喇嘛處得到一批用古藏文寫的克孜爾石窟資料，其中有一份克孜爾後山區石窟簡圖，圖中繪有一座規模較大的寺院，完全是地面結構，位於第215—216窟之間。該寺院以一方形殿堂為中心，殿堂內立一塔，殿堂外四隅各立一塔，「此四塔與殿堂內之塔合計適為五塔。這種五塔組成的佈局，和庫車、拜城石窟群中的五塔組合，應有一定的聯繫」[5]。吐峪溝石窟第44窟開鑿於北涼統治時期，坐東朝西，主室平面近方形，東西進深3.70米，南北寬3.60米，高約3米。地面中央殘存一土台，高1.15

2　季羨林等：《大唐西域記校注》卷八，中華書局1985年版，第639—640頁。

3　印順著：《初期大乘佛教之起源與展開》第3章第3節之「現實佛與理想佛"，正聞出版社1982年版。

4　晁華山：《克孜爾石窟的洞窟分類與石窟寺院的組成》，《龜茲佛教文化論集》，新疆美術攝影出版社1993年版。

5　宿白：《調查新疆佛教遺跡應予注意的幾個問題》，〈《新疆史學》1980年第1期。

米，東西寬 1.3 米，南北寬 1.45 米，地面尚可看見立佛雙腳痕跡，可能是佛壇遺跡。四壁四角各繪佛塔一座，為我國傳統的木結構塔，塔內各畫一佛，結跏趺坐。[6]③我們認為這是四壁四角所繪四塔與窟室中央地面佛壇上所塑的立佛共同組成五佛塔。莫高窟第 428 窟西壁所畫五塔圖與上述克孜爾、吐峪溝的五佛塔屬於同一類型與同一性質。晁華山先生從與佛塔相關的造像史角度分析，提出克孜爾石窟的五佛塔寺院表現的主題是如來五分法身，我很贊同。以此類推，我們認為吐峪溝第 44 窟與莫高窟第 428 窟西壁的五塔所表現的也是如來五分法身。因此，這種五塔似乎亦應叫如來五分法身塔。

二、關於第 428 窟的主題、作用問題

第 428 窟的內容是有嚴格規劃的。它所表現的主題是什麼，這個問題沒有任何記載，一直困擾著我們。我曾幻想能有一部經包羅此窟的主要內容，能像有的洞窟那樣稱之為法華窟、涅槃窟等。探索的結果是水中撈月。說它是佛傳主題吧，可它又有三則本生故事和一則因緣故事，還有釋迦多寶二佛並坐，更何況還有大小 12 鋪說法圖。段文傑先生在《十六國、北朝時期的敦煌石窟藝術》一文中提出「428 窟組畫形式的佛傳」一說，[7]只可惜他沒有加以論述，現在我只能同意段先生之說，並稍加論述。

我們知道，莫高窟第 257 窟（北魏）雖然也是一個有嚴格規劃的洞窟，但因其南、西、北三壁中段的故事畫，有本生，也有因緣，它

6　賈應逸：《吐峪溝第 44 窟與莫高窟北涼洞窟比較研究》，《1987 年敦煌石窟研究國際討論會文集‧石窟考古編》，遼寧美術出版社 1990 年版。

7　敦煌文物研究所編：《敦煌研究文集》，甘肅人民出版社 1982 年版，第 8 頁。

給你的印象，還是以因緣為主，再加東壁已塌，人們不會刻意去追求什麼主題；第285窟（西魏）一看洞窟形制，就知道是禪窟；第290窟（北周）故事畫只有佛傳，佛傳就是它的主題；第296窟（北周）是一個有規劃的洞窟，也是以因緣故事為主。本生故事講佛的前世，因緣故事講佛弟子如何事佛、信佛。然而第428窟則不同，它主要講佛的前世與今世。前世並不存在，講前世是為了烘托今世，因而本生可以說是佛傳的延伸。再結合中心塔柱的四相，我們可以說其主題是佛傳。又由於四壁共用19組不相聯貫的畫面來表現主題，所以又可稱之為「組畫形式的佛傳」。

　　南北朝時期的中國佛教，南重義理，北重禪行，「鑿仙窟以居禪」，因此北朝洞窟的內容都與坐禪有關。不過，第428窟與眾不同，在1242身供養人像中，僧尼像占了732身，[8]有這麼多僧尼的功德窟，所反映的禪修思想，自然更深邃一些。這是此窟內容給予我們的啟示。

　　僧尼們禪觀，首先要入塔觀像。《觀佛三昧海經》卷九《觀像品》說：「佛告阿難：『佛滅度後……欲觀像者，先入佛塔。』」入塔觀像首先要觀釋迦牟尼像。同經卷一《序觀地品》云：「佛告父王：『若有眾生……欲知佛苦行時者，欲行佛降魔時者，欲知佛得阿耨多羅三藐三菩提者，欲知如來轉法輪時者……隨彼眾生心想所見，應當次第教其繫念。』」第428窟中心柱四面的題材為四相成道，這正是入塔觀像所要「觀」的內容。

　　四壁上層影塑千佛5排（圖3），代表三世十方諸佛，亦是禮佛觀像之需（說見《思維略要法》）。《妙法蓮華經·安樂行品》有云「深

8　關於該窟的供養人像人數，各家數量略有差別，此依據范泉《周武滅法與敦煌北周石窟營造的關係──以莫高窟第428窟供養人圖像為中心》一文的統計，《敦煌學輯刊》2008年第4期。

人禪定，見十方佛」，也説明坐禪觀佛得觀十方諸佛。

▲ 圖 3　影塑千佛　第 428 窟南壁

▲ 圖 4　坐佛説法圖　第 428 窟南壁

北、西、南三壁共有七鋪坐佛說法圖（圖4）和三鋪立佛說法圖（圖5），人字坡下還有兩鋪坐佛說法圖，因無明顯特徵，我們無法定名為何時何地說法，但古代畫工是明確的。不過若按《觀佛三昧海經》卷九《觀像品》的要求，僧尼坐禪觀像時，還需觀坐像與立像：

諦觀一像極令了了。觀一成已，入定出定，恆見立像在行者前。
……爾時世尊復為來世諸眾生故，更說觀像坐法。觀像坐者……請諸想像令坐寶花。眾像坐時，大地自然出大白光，如琉璃色，白淨可愛……若有眾生觀像坐者，除五百億劫生死之罪，未來值遇賢劫千佛。

又，鳩摩羅什譯《禪祕要法經》卷中亦云：

見坐像已，復更作念，世尊在世，執缽持錫，入裡乞食，處處游化，以福度眾生。我於今日但見坐像，不見行像，宿有何罪？作是念已，復更懺悔。既懺悔已，如前攝心，繫念觀像。觀像時見諸坐像，一切皆起，巨身丈六，方正不傾，身相光明，皆悉具足。見立像已，復見像行……

降魔成道是四相成道的組成部分，是佛傳的主要題材，當然是禪觀的重要內容之一。前面已經敘述，不再贅述。

▲ 圖5　立佛説法圖　第428窟北壁

　　觀釋迦多寶並坐，是禪觀中很重要的一觀，名叫法華三昧觀。

　　鳩摩羅什譯《思維略要法》是指導禪觀的重要著作，其中《法華三昧觀法》中説：

　　三七日一心精進，如說修行，正憶念《法華經》者，當念釋迦牟尼佛於耆崛山與多寶佛在七寶塔共坐，十方分身化佛遍滿所移眾生國土之中⋯⋯所説《法華經》者，所謂十方三世眾生，若大若小，乃至一稱南無佛者，皆當作佛。

釋迦涅槃像亦稱臥像，而觀臥像又是僧尼觀像的科目之一。《觀佛三昧海經》卷七《觀四威儀品》云：

觀如來臥者，先當觀臥像。見臥像已，當作是念，佛在世時所以現臥，諸佛如來體無疲倦，但為降伏剛強力士及諸邪見不善眾生，或復慈愍諸比丘故，現右脅臥。如來臥者是大悲臥，欲觀佛臥，當行慈心。

鳩摩羅什譯《禪秘要法經》卷中亦云：

世尊在世教諸比丘右脅而臥，我今亦當觀諸像臥。尋見諸像疊僧伽梨，枕右肘，右脅而臥，脅下自然生金色床。

以上有關禪觀部分，參照了賀世哲《敦煌莫高窟北朝石窟與禪觀》一文。[9]

如來五分法身塔與僧尼觀像的關係更為密切。當代著名佛學家印順法師云：

古代佛弟子的唸佛（按：即「觀佛」）就是繫念這五分法身，這才是真正的佛。[10]

《觀佛三昧海經》卷九《觀像品》云：

9　敦煌文物研究所編：《敦煌研究文集》，甘肅人民出版社 1982 年版。
10　印順：《初期大乘佛教之起源與展開》，正聞出版社 1982 年版，第 162 頁。

　　此想（按：指觀像行）成時，當念如來戒身。念戒身時，見諸佛
影，眉間光明猶如白絲，空中清淨，至行者前。行者見已，當作是念：
「釋迦牟尼多陀阿伽度阿羅訶三藐三佛陀，過去世時以大戒身而自莊
嚴，是故今日得戒、定、慧、解脫、解脫知見。」

　　該經卷九《本行品》亦云：

　　當復系唸佛功德。唸佛功德者，所謂戒、定、智慧、解脫、解脫
知見。

　　第 428 窟的設計者將涅槃圖（圖 6）與五分法身塔共置於西壁，自
有其佛教思想的內在聯繫，即涅槃圖表示釋迦已經結束了他一生的教
化生涯，而五分法身塔則要表明釋迦思想的永存。

▲ 圖 6　涅槃圖　第 428 窟西壁

　　盧舍那法界人中像（圖 7），是佛的法身。法身佛也是觀像的對象
之一。S・2585《佛說觀經》云：

法身觀者，已於空中見佛生身，當因生身觀內法身、十力、四無所畏、十八不共法、大悲無量善業，如人先見金瓶，內有寶珠。所以法身真妙，神智無比，無近無遠，無難無易，無過世界，悉在目前，無有一法而不知者，一切法無所不了。是故行人當專念，不令散亂。若有餘緣，即攝之令還。

▲ 圖7　盧舍那佛　第428窟南壁

曇摩蜜多譯《五門禪經要用法》說：「得觀佛定已，然後進觀生身。」所謂「生身」，是指釋迦牟尼為普度眾生而化生的各種肉身（包括人或其他動物）。這些業績，包括佛傳故事畫、本生故事畫、因緣故事畫。於是此窟題材的設計者，就在東壁窟門兩側安排了三鋪本生故事畫和一鋪因緣故事畫。

三、關於「東來」「西來」問題

敦煌藝術的「東來」「西來」之說，向為藝術史家所關注。仁者見仁，智者見智，各有所據，自有其理。我們不是搞藝術的，不敢妄加評論。在這裡，我們僅就第 428 窟的具體畫面，能說清楚的，說一點看法，為東來說、西來說提供一點具體資料。

降魔意味著釋迦即將成佛，因此，這段經歷在佛教造像中歷來備受重視。早在公元前 1 世紀的印度山奇第 1 塔上就出現了降魔圖。畫面以菩提樹下的聖壇象徵釋迦。聖壇右側則簇擁著魔眾。其後在古代印度的佛教造像中廣泛流行著降魔圖，構圖大多以釋迦為中心，周圍造魔王、魔女以及魔眾等。4 世紀中葉，我國古龜茲克孜爾石窟開始出現降魔圖，現存 6 鋪，分別畫於第 76、98、110、163、171、175 等窟。我國中原地區的降魔圖見於北魏太和年間（477—499）開鑿的云岡第 6 窟西壁，構圖為中間開一尖拱龕，龕內造釋迦佛，結跏趺坐。龕楣及龕兩側刻群魔圍攻釋迦，其中有豬首、牛首、虎首、象首等的形象。下部刻魔女，南側的三魔女作妖媚誘惑狀。麥積山第 133 窟內 10 號碑左側下部也刻有降魔圖。

莫高窟的降魔圖始見於北魏，畫於第 254、260、263 窟，加上第 428 窟，北朝的降魔圖共存 4 鋪，其中第 254 窟的降魔圖不僅時代最

早，而且人物刻畫也最生動。莫高窟北朝降魔圖與古印度的降魔圖比
較，從構圖到情節，基本上大同小異，區別主要在於古代印度降魔圖
中魔眾源自印度主司豐饒和再生的民間信仰神的形象，給人以幽默
感，而莫高窟降魔圖中的魔眾，則源自我國東漢以來傳統的鬼神圖
像，給人以恐怖感。

關於釋迦多寶二佛並坐，僅云岡曇曜五窟就有 120 多鋪。有紀年
的北朝金銅、玉石二佛並坐造像，我所經眼者已達 49 件，當時的信仰
熱可想而知。惠祥《弘贊法華傳》卷一載西域祇洹寺「塔內有釋迦多
寶二像說《法華經》第七會者」，然而在印度與西域的考古遺物中至今
沒有發現有關實物。釋迦多寶二佛並坐可能屬於我國漢地佛教造像的
獨創。

涅槃圖是佛教藝術的一種古老的題材。公元 2—3 世紀以後，犍陀
羅浮雕佛傳中涅槃圖大量盛行。其圖像一般為釋迦右脅、枕手、累足
而臥，周圍浮雕讚歎的天人、哀悼的弟子、撫摸佛足或詢問外道的迦
葉以及執杵的密跡金剛等。隨著佛教的東漸，大約在公元 4 世紀，我國
新疆境內的古龜茲石窟中出現涅槃圖，並且日益盛行。據賈應逸先生
統計，克孜爾石窟現存繪有壁畫的80 個洞窟中，53 個窟內有涅槃圖，
占有壁畫洞窟的 66%。[11]克孜爾石窟，公元 4、5 世紀的涅槃圖受犍陀羅
的影響較大，一般構圖也是釋迦右脅、枕手、累足而臥，釋迦身光後
畫舉哀聖眾，頭側畫須跋陀羅身先人滅，腳後畫迦葉撫摸佛足等情
節。6、7 世紀的涅槃圖中新出現火化佛骨、八王分舍利、首次集結、
阿 世王聞佛涅槃而悶絕甦醒等情節，涅槃圖成為克孜爾石窟的主要塑

11　賈應逸：《克孜爾與莫高窟的涅槃經變比較研究》，《龜茲佛教文化論集》，新疆美術
　　攝影出版社 1993 年版，第 229 頁。

繪題材之一。

　　大約在 4 世紀上半葉，我國東部漢地佛教藝術中產生並發展起另外一種別具特色的涅槃圖。劉義慶《世說新語・言語》云：「庾公嘗入佛圖，見臥佛，曰：『此子疲於津樑。』於時以為名言。」臥佛即涅槃像。庾公即庾亮（288—340），字元規。這就是說，4 世紀上半葉江南佛寺中已有涅槃像。《世說新語・言語》中還記述了一個有趣的故事：張玄之、顧敷是顧和的外孫和家孫，二人都很聰明。顧和偏愛顧敷。有一次，顧和與他倆至寺中，見佛般泥洹像，弟子有泣者，有不泣者。顧和問二孫。玄之說是被親故泣，不被親故不泣。顧敷說不然，「當由忘情故不泣，不能忘情故泣。」顧和（287—351），字君孝。從這個故事可以進一步看出 4 世紀上半葉江南寺院裡的涅槃圖已有泣與不泣的弟子像，已經發展成涅槃變。十分遺憾的是這批涅槃造像早已不存，今人無法睹其造像特徵。

　　與江南不同，北方的涅槃造像雖然缺乏文獻記載，但是現存早期的涅槃造像頗多，尚未形成固定的格式，各具特色，大放異彩。例如雲岡第 11 窟西壁中層佛龕下部有太和年間（477—499）造的小型涅槃圖 1 鋪。畫面為：以娑羅雙樹為背景，釋迦佛體微側，兩手平伸，臥於方形床上。釋迦床頭前立一比丘，面向佛，這可能是表現阿難。據《根本說一切有部毗奈耶雜事》卷三七記載，釋迦臨涅槃時，「阿難在佛背後，憑床而立，悲啼號哭，出大音聲」，並請教佛：「天德世尊般涅槃後，我當云何恭敬供養如來法身？」釋迦雙足後跪一比丘，面向佛足，這是表現迦葉。白法祖譯《佛般泥洹經》卷下云：「迦葉熟視佛黃金棺，意自念言：『吾來晚矣，不及吾師，不知世尊頭足所在。』佛便應聲出兩足。迦葉即以頭面著佛足。」釋迦涅槃像兩頭，還各造二供養比丘，一哀悼的獅子。

　　大約完工於正光末年，即 524—525 年間的龍門石窟普泰洞北壁的涅槃圖又是另外一種形式：釋迦臥於床上，頭前跪一比丘，合十。這是表現接受釋迦臨終遺教的阿難。釋迦身後造一方形障物。工匠的本意是想在障物後造 4 身舉哀比丘，但由於技巧拙劣，給人的感覺好像是在障物上放置了 4 顆比丘頭（已缺一），看起來很不舒服。龍門石窟魏字洞開鑿於正光四年（523）以前，北壁也有 1 鋪小型涅槃圖，其中的釋迦涅槃像也是仰臥。

　　麥積山第 133 窟內 10 號造像碑屬於北魏晚期的作品。此碑正面左上角開一帳形小龕，龕內造釋迦涅槃像，頭枕雕花枕，兩手平伸，仰臥於床上。釋迦腳後跪一比丘，手摸佛足，無疑是迦葉。迦葉上部刻一人，頭披長髮，面向釋迦，雙手合十跪地，這可能是表現純陀。《大般涅槃經》卷二《壽命品》記載：「爾時會中有優婆塞，是拘屍那城工匠之子，名曰純陀……偏袒右肩，右膝著地，合掌向佛，悲泣墮淚，頂禮佛足。」純陀是世俗佛弟子，所以頭披長髮。釋迦身後並列刻三位女子，均裸上身，下身著裙，頭披長髮，面帶愁容。右端一身，一於撫佛額，一手摸佛胸，似慈母視愛子。這可能是表現佛母摩耶夫人。《佛母經》記載：「佛母聞子涅槃，如須彌山崩，遍體而現如波羅奢花，悶絕 地。時有二天女，將水噀之，良久還醒。爾時佛母將諸徒眾，恭敬圍繞，從忉利天下至娑羅雙樹間，正視如來，殯殮以訖……繞棺三匝，卻住一面，悶淚而言，告言慈子：『汝是我子，我是汝母，汝今入般涅槃，云何不留半偈之法？』」其餘兩位女子可能是陪伴摩耶夫人的二天女。釋迦佛頭前一人，高髮髻，背包袱向前行走狀。這可能是表現力士「嚴辦供養之具」。《摩訶摩耶經》卷下云：「爾時阿難即便入城，普告力士：『如來昨夜已入涅槃，汝等宜應供養 維。』諸力士等聞此語已，心大苦痛，皆悉相隨至雙樹所。既見世尊已般涅槃，悶

絕震動，不能自勝，即問阿難：『我等不知云何 維如來之身？』阿難答言：『我於昨日已咨問佛，世尊遺敕，令如轉輪聖王 維之法。』阿難具為次第說之。諸力士眾聞此語已，即便嚴辦供養之具，事事皆依阿難所說，如轉輪聖王棺殯之法。」

甘肅省博物館收藏一件四面五層造像塔，大約屬於北魏晚期的作品。塔上左面第四層造涅槃圖一鋪：釋迦仰臥於床上，身後六弟子皆高舉雙手，似痛不欲生。釋迦頭前跪一比丘，可能是阿難。釋迦腳後跪一比丘，撫摸佛足，肯定是迦葉。罕見的是佛棺下部刻一人，身上帶鈴，手舞足蹈，兩側各刻一人，吹奏號角。這是表現天人歌唄讚歎。法顯譯《大般涅槃經》卷下云：「佛棺繞城一匝，從北門入，住城之中，聽諸天人恣意供養，作妙伎樂，燒香散花，歌唄讚歎。」

日本東京國立博物館收藏一件惠祖等造龍樹菩薩像座，紀年為「大齊天寶十年（559）」。座上刻佛傳故事，其中最後一個情節是涅槃圖。畫面為：八棵娑羅樹，釋迦頭枕方枕，兩手平伸，仰臥於方形床上。釋迦腳後刻迦葉撫摸佛足。釋迦頭前跪一人，可能是佛母摩耶夫人。娑羅樹間共刻九位舉哀弟子。特別有趣的是有一比丘，身著袈裟，伏臥於地哭泣狀。這是表現阿難哀悼釋迦。《大般涅槃經‧後分》捲上《遺教品》云，阿難聞佛即將涅槃，「身心戰動，情識茫然，悲哽暗咽，深沒憂海，舉體迷悶，昏亂濁心，投如來前，猶如死人」。

南響堂第 5 窟（北齊）與河南浚縣酸棗廟村發現的北齊武平三年（572）四面造像塔上的釋迦涅槃像也都是頭枕方枕，兩手平伸，仰面而臥。

麥積山第 26 窟（北周）窟頂北坡（即正面）所畫涅槃圖，是現存北朝時期規模最大的一鋪涅槃圖，釋迦佛著白色袈裟，頭枕方枕，兩手平伸，仰臥。

以上不厭其煩地列舉這麼多造像實例，目的就是為了說明北朝時期中原地區的涅槃圖是有別於西域的獨立發展起來的一種涅槃圖，其中有的附屬於佛傳圖中，有的是獨立的。出現的人物也不固定，有阿難、迦葉、純陀、佛母、天女、力士、天人、伎樂等。但所有這些涅槃圖都有一個十分明顯的共同特徵——釋迦佛仰臥。莫高窟第428窟的這鋪涅槃圖中的釋迦也是頭枕方枕，兩手平伸外露，仰臥於白色床上。據此可知，第428窟的涅槃圖主要源於中原。

五分法身塔是我國南北朝佛教藝術遺存中的孤例。佛教傳入中國以前，中國沒有塔。因此，求本溯源，塔應是「西來」之物。不過，據蕭默先生考證，第428窟的五塔「為我國在當時已出現了金剛寶座塔和已經採用磚木混合的結構提供了證據」，「塔的發展，顯示了傳統文化與外來文化互相融合的生動過程」。[12]前揭李玉玟先生在《敦煌四二八窟新圖像源流考》一文中說：「目前受限於資料之不足，筆者很難肯定，四二八窟金剛寶座塔之圖像源頭為何，可是此塔的中層繪誕生圖恰與《續高僧傳》所言『上圖本事』相符，而且圖中主塔有斗栱和中國式殿堂的屋宇，這些或許可視此塔與中原傳統相關的一些線索。」看來，五分法身塔是中西合璧之作，當不會大謬。

關於盧舍那法界人中像的源頭問題，日本學者松本榮一、吉村憐均指出第428窟的盧舍那圖是受到絲路北道的克孜爾等地的影響。台灣李玉玟先生在前揭文中有中原盧舍那像、西域盧舍那像的長篇論述，並附有中原方面的北齊、絲路南道的于闐、絲路北道的克孜爾石窟三方面的盧舍那造像圖，與第428窟相比較。她的結論是：「敦煌四二八窟盧舍那佛主要的特徵有二：一是以須彌山為中心，另一則為描繪六

12　蕭默：《敦煌建築研究‧塔》，文物出版社1989年版，第152、175頁。

道世界，這兩點正與中原系統的法界人中像相同。前文已述，6世紀法界人中像在中原地區已十分流行，故筆者認為四二八窟盧舍那佛的圖像來自中原的可能性較大。」在實物圖像面前，我們也認為李玉玟先生的結論是正確的。

關於薩埵太子本生的源頭，新疆石窟裡雖然很多，但都很簡單。同時，新疆的人物造型、衣寇服飾都與第428窟大異其趣（圖8）。我們認為，第428窟與龍門賓陽中洞有著承接的關係。另外，洛陽龍門賓陽中洞門兩邊的佈局為：一幅橫捲式的大畫面，分為上、中、下三段，上段為維摩詰經變，文殊、維摩對坐於門的兩邊而論道；中段為薩埵太子本生、須達拏太子本生分置兩邊；下段為帝王、帝后禮佛圖分置門的左右兩邊。這種佈局也為第428窟所接受。所不同的是，第428窟將上、中、下三段都用來描繪一個故事，把故事描繪得淋漓盡致。這種橫捲三段式，莫高窟是首次出現。

▲ 圖8　薩埵太子本生　第428窟東壁

關於須達拏太子本生的源頭，我想多說幾句。

▲ 圖 9　須達挐太子本生　第 428 窟東壁

　　第 428 窟的須達挐太子本生（圖 9），是莫高窟首次出現的新題材。但在古代印度，早在公元前 1 世紀營建的巴爾胡特佛塔就出現了浮雕須達挐太子本生圖，情節較簡單，僅僅表現須達挐施象給婆羅門。[13] 犍陀羅石雕中的須達挐太子本生圖已出現連環形式：

　　1. 須達挐一手持水瓶給婆羅門洗手，一手牽象給婆羅門；

　　2. 須達挐驅車載妃及兒女向檀特山行進，遇婆羅門乞馬；

　　3. 須達挐肩負兒子，曼坻肩負女兒，徒步行進；

　　4. 婆羅門至草廬乞施二小孩為奴；

　　5. 婆羅門鞭打二小孩；

　　6. 獅子擋道而蹲，阻止太子妃回草廬。

　　隨著佛教的東漸，在我國新疆境內的絲路南道米蘭（今若羌縣東北約 75 公里）佛教遺址中發現大約繪於 3 世紀的須達挐太子本生壁畫，殘存三個情節：中間畫須達挐右手執澡瓶，左手牽象給婆羅門；右邊畫須達挐向送行的大臣、城民告別；左邊畫三馬駕車，載太子妃及二孩兒，須達挐乘馬隨後，向檀特山行進。這是我國現存最早的須達挐本生連環圖。絲路北道的克孜爾石窟中，須達挐本生圖較多，可

13　高田修、上野照夫：美術史》（1），日本經濟新聞出版社 1964 年版，第 126 圖。

分為兩類：一類是單幅式，占多數，見於第 14、38、198 等窟，著重表現須達拏施二兒女給婆羅門為奴的情節；另一類是連環式，占少數，見於第 81 窟主室左右兩側壁，上下兩排連續表現須達拏太子本生。可惜大部分畫面已經模糊不清，現在尚能看清的情節為須達拏及其妃乘車行進與施車給婆羅門。

中原地區的須達拏太子本生圖，最早見於永平二年（509）造像碑。此碑現存陝西省博物館，正面造一佛二菩薩，背面刻佛傳與須達拏太子本生圖。後者位於下部，並列刻八婆羅門翹一腳，立於須達拏面前，左側刻榜題：「詣太子宮門口口時。」須達拏上部刻八婆羅門共騎一頭大象而去，左側刻榜題曰：「婆羅門八人乞得白象而去。」

開鑿於 500—523 年的龍門石窟賓陽洞窟門北側浮雕須達拏太子本生，實物已遭破壞，水野清一、長廣敏雄著《龍門石窟乃研究》中有線描圖，為連環式，共有三個情節：須達拏太子及其妃告別前來送行的兩位大臣；太子抱兒，妃抱女，徒步向檀特山行進；須達拏向阿斯陀仙人請教何處居住為好。每個情節之間都用高山叢林隔開，人物服飾全部漢化。

河南省新鄉市博物館收藏一件東魏武定元年（543）道俗 90 人等造像碑，背麵線刻 5 層畫像，從下往上，第 1 層供養人像，第 2 層是造像記，第 3 層是須達拏太子本生，第 4 層 1/3 是須達拏太子本生，2／3 是佛傳圖，第 5 層是佛傳圖。須達拏太子本生共有 4 個情節、6 條榜題，從右向左：

1. 線刻 5 女子，象徵 500 夫人，均立。榜題云：「五百夫人皆送太子向檀特毒山辭去時。」

2. 一馬駕車，車後站須達拏夫妻及二小兒，馬前蹺腳站一婆羅門。榜題云：「隨太子乞馬時。」一婆羅門騎馬行進。榜題云：「婆羅

門乞得馬時。」

　　3. 太子抱兒，妃抱女，渡河。榜題云：「太子值大水得渡時。」

　　4. 畫面接續第4層左端，婆羅門婦在井邊打水，旁邊站3青年。榜題云：「三年少笑婆羅門婦。」婆羅門婦跪於房內。房前榜題云：「此婆羅門婦即生恨心，要婆羅門乞好奴婢逃去時。」

　　美國賓夕法尼亞大學博物館收藏一件北齊天保二年（551）九尊坐佛碑，碑兩側面淺浮雕須達拏太子本生，每側從下至上分3層，共計6個情節：

　　1. 須達拏外出遊觀，遇諸貧窮殘疾人。

　　2. 婆羅門至宮門乞象與得像而去。

　　3. 須達拏跪別父王及駕車載妻兒離國而去。

　　4. 太子負兒，妃負女渡河。

　　5. 婆羅門尋訪須達拏及獵師捆打婆羅門。須達拏施兒女給婆羅門為奴及婆羅門鞭打二小孩。

　　6. 太子妃急欲歸草廬及獅子擋道。

　　從上舉實例中可以看出莫高窟第428窟的須達拏太子本生圖在情節的選取、連環畫形式等方面，既與西域的有相似之處，又與中原的有一致的地方。比較而言，似乎受中原的影響更大一些。例如八個婆羅門均蹺一腳，至太子宮前乞象，然後共騎一象而去，這一情節與永平二年（509）造像碑很相似。又如每個情節之間，以高山叢林相隔，與龍門賓陽中洞的相同。前揭段文傑先生在《十六國、北朝時期的敦煌石窟藝術》一文中也說「這幅畫以『己』字形連環式構圖……人物形象、衣冠服飾，均為中原式，並以山巒、樹木、房屋作為故事情節的間隔和連接，把人物活動放在一定的環境之中，使畫面富於生活氣息，這是早期故事畫受到中原繪畫影響後的一個新發展」。總之，古代

敦煌地區的無名藝術家是借鑑、融會了東西兩方面的優點，在莫高窟首次創作出這鋪內容空前豐富、場景空前巨大的須達拏太子本生連環故事畫，無論在當時，或者是現在，都可以説是稀世珍品。

在故事情節的選擇上，第 428 窟的須達拏太子本生圖還打上了明顯的時代烙印，即宣傳儒家的孝道。例如當須達拏將車、馬、衣服全部施捨給婆羅門後，夫妻分別肩負兒女，徒步行路，飢渴難耐。這時忉利天變化出一座美麗的城市，出現在須達拏夫妻面前，城門口還有樂隊歡迎。太子妃建議進城暫作休息，太子堅持反對，認為這樣做「違父王命，非孝子也」。這獨一無二的畫面的出現，與北周朝廷提倡儒學有關。

四、關於第 428 窟的藝術成就

讓學歷史的人來談藝術，往往是隔靴搔癢，説不到點子上，因此我們不想強不知以為知。現在僅就我們請教過美術家的一些必不可少的問題作些交代。

英國人威廉‧荷加斯（1697—1764）在《美的分析》一書中提到：「避免單調是繪畫構圖的一個不變的規則。」[14]①莫高窟任何一幅畫都可以為這句話作註解。第 428 窟（其他好多洞窟也一樣），不光要避免構圖單調，還要避免重複，而這一點更為重要。通過調查我們得出結論：第 428 窟沒有一個菩薩、沒有一條邊飾、沒有一個供養人是完全相同的。只要是第 428 窟的照片，無論哪一張，都可以找到它在壁面上的位置。此窟平面面積為 178‧38 平方米，是莫高窟的大型洞窟之一，要

14　〔英〕威廉‧荷加斯：《美的分析》，人民美術出版社 1986 年版，第 29 頁。

在這麼大空間的四壁及頂部畫滿壁畫而不單調、不重複，談何容易，可是畫師們做到了。

　　一進洞窟，迎面而來的是彩塑。第428窟的彩塑，由於後代的上色、粉臉、描眉而不被人們重視。美術家告訴我們，只要將它們的「化妝」去掉來欣賞，還是北周原貌。第290窟是第428的姐妹窟，彩塑原作未動，謝成水先生曾對第290窟的影塑作過專門研究。他以敦煌研究院美術臨摹工作者的眼光，反覆審視過第290窟的塑像，寫出了見解獨到的文章，恕我不再鸚鵡學舌。讀者如有興趣，請讀《敦煌石窟藝術·莫高窟第二九窟》一書。[15]

　　幾十年以前，我們剛到莫高窟工作，老同志們就給我們介紹北魏千佛的「小字臉」，即每個千佛臉上都是白鼻樑、白眼圈，在變了色的黑臉上特別醒目。我們不搞美術，搞不清楚為什麼要像小丑一樣畫成白鼻樑、白眼圈，也不求甚解。第428窟，則更有甚者，有三白臉——白鼻子、白眼睛、白下巴頦；有四白臉——白鼻子、白眼睛、白下巴頦、白眉毛；還有五白臉——白鼻子、白眼睛、白下巴頦、白眉毛、白嘴唇。當我們必須介紹第428窟時，這個問題自然浮現在眼前，不能迴避。經過請教美術家，經過仔細調查對比，想說幾句外行人的話：我們認為，這是一種畫法，一種畫風。因為，同是第428窟，東壁的故事畫中的人物，一白也不用。恰恰相反，眉毛、眼球、顴骨，凡是臉部的高處都用黑或紅（紅已變黑）色。畫法和畫風，顯示了畫家的追求，即臉部的高處通過藝術處理，能「高」起來，立體感更強。這種處理本來是科學的。然而經過長年累月地變化，臉部的乳白色全部變黑，黑眼珠多數褪去，白色不變，成了反差很強的「黑白分明」。新疆

15　謝成水：《敦煌石窟藝術·莫高窟第二九〇窟》，江蘇美術出版社1994年版。

克孜爾石窟也有不少這種人物像，但由於臉部沒有怎麼變色，至今色彩尚屬協調。就第428窟而言，也有極個別沒有變色的，如南頂平棋叉角的幾身飛天，至今完好如新，但「三白」「四白」也隱約可見。看來，我們在欣賞這些作品時，如果懂得變色，把黑色還原成皮膚顏色，白色的色調自然減弱，柔和端莊的佛、菩薩也就呈現在我們面前了。

第428窟佛、菩薩眾多，好多都是灰色。對於這種灰色，美術家們有兩種截然不同的看法。有的認為是瓦灰，它不變色。正由於窟中有此色調，才使得第428窟至今整窟色彩穩重調和。有的認為是變色所致，古人對佛尊崇備至，哪能會給佛爺上灰色？「瓦灰說」是一個新問題，我不懂，提出來請教於專家學者。

五、畫師的創造問題

畫工在藝術上的創造問題，我說不出個一二來，只談一點從經到畫之間畫工的成就。

畫面中有一些情節為經文中所無，是純屬古代畫家根據自己對於生活的理解演繹出來的。例如薩埵太子本生中三位太子射獵的場面，雖然有悖於佛教不殺生的教義，卻合乎王公太子們的生活情趣，並且增強了畫面的生動感。又如王宮後面樹下畫一馬，空鞍，馬的前蹄騰空，顯得煩躁不安。我們猜想，此馬應是薩埵太子的坐騎。古代畫工將薩埵太子生前的坐騎畫在父王王宮後面的樹下，並且騰躍不安，既符合現實生活中常見的善馬對於主人的懷戀之情，也強化了父王、母后思念太子之情。薩埵捨身飼虎後，二位兄長飛馬回宮向父王稟報噩耗，也是古代畫工的演繹之作。若按常理，馬向前奔馳，路側的樹枝

應該往後傾倒，才能更好地烘托出奔馬的飛速。可是現在的畫面正好相反。也有的美術家認為這是為了適應構圖的需要，如果樹枝往後傾倒，就會擋住後面的人馬。當然，這也不無道理。我們所要強調的是這一情節沒有經文依據，而是畫工的創造。

（原載《敦煌研究》1998 年第 1 期）

莫高窟第 220 窟新發現的複壁壁畫

敦煌莫高窟現存洞窟有很大一部分是經過後代改動的。這種經過後代改動的洞窟，結構發生變化，較普遍的是洞窟入口甬道：一般原洞窟甬道是方口，開口較大，後代多將甬道加砌抹泥改為馬鞍形門，甬道縮小，因而形成重層甬道（複壁）。據初步調查，這種甬道有三十來個，其中十分之八是唐代洞窟，而且底層原壁畫大部保存良好，第 220 窟就是其中之一（圖1）。

第 220 窟的表層壁畫，包括甬道在內，全系西夏時期繪製。1944 年夏，前敦煌藝術研究所於北壁一角的千佛脫落處發現底層唐代壁畫，色彩鮮麗，線描挺秀。試以鋼針挑剔，一大片西夏繪制的千佛輕易地脫落下來。當時採取了局部剝離，發現底層壁畫保存完好，未因西夏抹泥制壁而毀壞。在局部剝離過程中，發現了貞觀十六年紀年題記[1]。於是決定進行全窟剝離。後因限於條件，留下了甬道和窟頂未動。這

1　第 220 窟窟內東壁窟門上方有願文一方，尾題「貞觀十有六年敬造」。北壁壁面下方有「貞觀十六年歲次壬寅奉為大云寺律師道弘（法師造奉者）」題記。

個原為貞觀十六年（642）的唐窟，是莫高窟已知的最早的唐代有紀年的洞窟。

▲ 圖1　第220窟甬道（搬移前）　　　▲ 圖2　第220窟甬道（搬移後）

以前我們就在甬道入口的破壁中發現經後代修補過的甬道底壁壁畫，準備進行探檢。1975年10月，我所保護組對第220窟的

重層甬道進行了整體搬遷的嘗試，取得了預期的效果。做法是將甬道表層西夏壁畫整體剝離後向東推移，完整地推移到甬道口新的位置，重新固定，使底層完好的壁畫全部暴露出來（圖2）。剝出的壁畫和題記，色彩鮮豔如新，其中的「新樣大聖文殊師利菩薩圖」及供養人像行列和題記，都是進一步研究敦煌石窟壁畫和歷史的新資料。現將第220窟新出壁畫的內容、題記介紹於後。

一

　　新剝出的通道為方形，平頂，高 2.15、寬 2.15、進深 1.49—1.59
米。頂部無壁畫（估計西夏重修時頂部已崩塌，因為我們搬遷過程中
還撬掉一塊即將塌落的危岩），只剩北壁和南壁。

　　甬道北壁（圖 3）：

▲ 圖 3　第 220 窟甬道北壁

　　正中畫文殊變一鋪。東側畫「大聖文殊師利菩薩」一身，西側畫
「南無救苦觀世音菩薩」一身，與東側文殊像等高。文殊變中的牽獅
人，身穿大袍，頭戴風帽，足穿長靴，左上方有一榜題：

普勸受持供養^{大聖感得於闐⋯⋯}
^{國王子⋯⋯時}

分行的小字，兩行字數不等，可惜已模糊不可辨，最後一個「時」字是擠著寫進去的。

獅子下部有願文一方，紅地，高23、寬25釐米，墨書十四行（左書），（圖4）書曰：

▲ 圖4　同光三年題記　第220窟甬道北壁

清士弟子節度押衙守隨軍〔參〕謀銀

青光祿大夫檢校國子祭酒兼御史中丞

上柱國潯陽翟奉達抽減口貪之財

敬畫新樣大聖文殊師利〔菩〕薩一軀並

侍從兼供養菩薩一軀及〔救苦〕觀世音

菩薩一軀標斯福者先奉為造窟

亡靈神生淨土不墜三涂之災次〔為〕我

過往慈父長兄匆（勿）溺幽間苦難長遇善

因兼為見在老母合家子孫無諸災障報願平安福同萌芽罪棄涓流

絕筆之間聊為頌曰

大聖文殊瑞相巍巍光照世界感現千威

於時大唐同光三年歲次乙酉三月丁

巳朔廿五日辛巳題記之耳

通壁下部畫男供養人像一排七身（西向）：
第一身題名：「亡父衙前正兵馬使銀青光祿大夫檢校太子賓客翟諱信供養。」
第二身題記：「亡兄敦煌處士翟溫子一心供養。」
第三身題名：「施主節度押衙隨軍參謀兼御史中丞翟奉達供養。」
第四身題名：「弟步兵隊頭翟溫政供養。」
第五身題名：「樂住持行者宗叔翟神德敬畫觀音菩薩一軀。」
第六身題名：「亡孫定子一心供養。」

第七身題名：「亡男善□一心供養。」（圖5）

▲ 圖5　第220窟甬道北壁供養人

在第三身即翟奉達畫像頭部的空白處，又有補題墨書四行（左書）：

後敕授歸義軍節〔度〕隨軍參謀行州……

銀青光祿大夫檢校左散騎常

侍兼御史大史懷……

上柱國之官也

從北壁的內容、佈局、畫風來看，全壁均為五代同光年間所繪。

甬道南壁（圖6）：

▲ 圖6　第220窟甬道南壁

　　正中開一方口小龕。龕內正壁畫一佛二弟子二菩薩，華蓋兩側各一飛天。這一說法圖的兩側各有榜題一方，均為直行左書，西側為「南無藥師琉璃光佛觀自在菩薩眷聖□□普二為先亡父母」，東側為「請（清）信佛弟子敬國清一心供養大悲救苦觀音菩薩敬國」。龕內西壁畫一佛（倚坐）二菩薩。榜書「造彌勒佛並二菩薩一軀」，說法圖下部畫跪狀漢裝女供養人一身，吐蕃裝男供養人二身。龕內東壁畫一佛二菩薩，榜書「釋迦牟尼佛並二菩薩」。

　　龕外上部：中間畫一坐佛，頂上有貼壁浮塑小佛三身（均殘）；左邊畫一佛二菩薩一鋪，佛作禪定狀，頭戴冠；右邊畫一佛二菩薩，佛為倚坐。

　　龕外帳門兩側：東側畫大小供養人二身，大者為僧徒，小者為吐蕃裝侍從；西側畫漢裝女供養人一身。

　　龕外下部：中間為白描，畫立佛與比丘各一身，在白描畫面上有墨書題記三行（左書）：

　　大中十一年六月三日信士男力一心供養

　　並亡母

　　造窟一所並盧那□口

　　東側畫漢裝女供養人三身，西向，榜題因褪色而幾乎消失，第一身隱約可辨者僅「一心供養」四字，第二身僅留「供養」二字。西側畫比丘三身、男供養人二身，東向，最後一身題記為「亡弟一心供養」。

　　綜觀全壁，從佈局、題記、畫風和供養人來看，龕外上部、帳門兩側以及龕內壁畫系吐蕃統治時期的作品，龕外下部應是晚唐（大中二年以後）所繪。

　　另外，帳門西側空白處，有五代翟奉達墨書題記六行（左書），（圖7）文曰：

　　大成元年己亥歲□口遷於三峗□□鐫龕□口聖容立（像）

　　唐任朝議郎敦煌郡司倉參軍□□子翟通〔鄉〕貢明經授朝議

　　郎行敦煌郡博士復於兩大像中□造龕窟一所莊嚴素質圖寫尊容至龍朔二年（662）壬戌歲卒即此窟是也

　　〔九代〕曾孫節〔度押衙守〕隨軍參謀兼侍御史翟奉達檢家譜□口

▲ 圖 7 第 220 窟甬道南壁西側題記

　　最後，需要說明一下，現在剝出來的只是中唐、晚唐、五代的壁畫，貞觀十六年間的甬道壁畫，由於和已剝離的壁畫相距只 2—3 釐米，尚未剝離，情況還不清楚。

二

　　甬道北壁的題記表明，「新樣大聖文殊」壁畫的施主是翟奉達。翟氏為東晉以來世居敦煌的大姓。翟奉達其人，對我們來說也並不是陌生的。第 98 窟的供養人像中有他，敦煌遺書中有他所纂的曆書和其他

寫本。現在第 220 窟發現的「檢家譜」題記和翟氏殘碑[2]，敦煌遺書中其他有關材料[3]可以互相印證。在這個題記中，記述了他祖先的佛事功德：早在北周大成元年（579）就在這裡開窟造像，唐貞觀十六年（642），又在「兩大像」（即今第 130 窟和第 96 窟）之間「造龕窟一所」，還特別點出「即此窟（220 窟）是也」。此窟西壁龕下，初唐時書寫的「翟家窟」三字仍清晰可識。時間隔了近三百年，翟奉達再次題壁重申，更可以證明此窟正是「家寺」的性質。

莫高窟的文殊變始於初唐，建中二年（781）吐蕃據有沙州以後更為盛行。據記載，長慶四年（824）吐蕃統治者曾派專使到中原唐王朝那裡求「五台山圖」[4]。在莫高窟現存的百餘幅文殊變中，中唐（指吐蕃統治時期，781—848 年）占百分之十二，晚唐占百分之二十五，五代占百分之四十。到了宋代，曹氏還專門建造了規模空前的第 61 窟的「文殊堂」[5]。它是莫高窟數一數二的大窟，也是唯一的以騎獅子的文殊為主尊的洞窟。窟內繪有 60 平方米的巨幅文殊聖地——「五台山圖」。「才念文殊三兩口，大聖慈惠方便來相救」[6]，流行於當時的這敦煌詞曲，正反映了這一地區對文殊崇信的情況。

于闐信奉佛教，很早以來，與中原政治、經濟、文化的往來就十分頻繁。唐高宗顯慶二年（627），以于闐信奉「毗沙門天」而為毗沙

2　1968 年，莫高窟窟前發掘過程中，於第 98 窟前出土天寶年間潯陽翟氏殘碑。碑文有「璜於魏以」「進為漢丞相封高陵侯」「進少子義……莽篡位。義四（下缺）康帝時（改）為散騎常侍（下缺）子矯不仕。矯子法賜（下缺）」等語。

3　參見向達：《唐代長安與西域文明》中《記敦煌石室出晉天福十年寫本壽昌縣地境》一文。

4　《冊府元龜》卷九九九《外臣部・請求》。

5　敦煌文物研究所藏敦煌遺書第 0322 號《臘八燃燈分配窟龕名數》。

6　王重民輯：《敦煌曲子詞集》。

都督府，是安西四鎮之一。安史之亂時，于闐王尉遲勝於至德初（757年）親自率兵赴中原，為維護國家的統一做出了貢獻[7]。五代時，雖然中原戰亂頻繁，交通不暢，但于闐王仍堅持奉中原王朝為正朔，稱李聖天，衣冠一如中原，王殿也朝東[8]，表示了心向中原、維護祖國統一的志向。

　　于闐、沙州兩地相接，關係更為親密，晚唐五代時又進一步加強了聯繫。當時于闐王給沙州節度使張淮深的信件，以「大于闐漢天子」自稱，稱沙州為「舅」，並約定：凡書信去，請看二印，一是「通天萬壽之印」，一是「大于闐漢天子制印」，除此「更無別印也」[9]。曹氏統治時期，兩地使者往來不絕。據曹氏一殘存酒單載，半年內于闐派「使者」到沙州有四次之多，住留時間有的長達半年之久。為了鞏固兩地的聯繫，曹氏將女兒嫁給于闐。後晉天福三年（938），石敬瑭冊封李聖天「大寶于闐國王」之後，莫高窟第98窟出現了「大朝大寶大聖大明天子」李聖天的巨幅畫像，高2.90米，頭戴冕旒，身穿龍袍，足登高履。其後是曹氏畫像，高2.20米，榜題：「大朝大于闐國大政大明天冊全封至孝皇帝天皇後曹氏一心供養」。後來，于闐公主又回嫁給曹氏的第三代——曹延祿[10]。開寶九年（976），于闐皇太子從連、琮原又在今第444窟留下了他們的題名。

　　據記載，中原崇信文殊的熱潮興起以後，很快就影響到于闐。又由於于闐對文殊的崇信，相傳在五台境界寺還留下了于闐國王的足

7　《舊唐書‧尉遲勝傳》。

8　《新五代史》卷七四《四夷附錄第三》。

9　P.2826。

10　莫高窟第61窟東壁北側有補畫的于闐公主供養像一身，榜題：「大朝大于闐國天冊皇帝第三女天公主李氏為新受太傅曹延祿姬供養」。

跡[11]。後唐同光時（903—926 年），于闐僧人不畏艱苦，長途跋涉去朝
拜五台山，又受到「莊宗率皇后及諸子迎拜」「並遣中使供頓」。「新
樣文殊」的出現，正是在中原崇信文殊熱潮的影響下，于闐對文殊加
倍崇信的狂熱表現。

　　「新樣文殊」在莫高窟的出現，絕不是偶然的。晚唐以來，表現于
闐佛教史蹟的壁畫就日漸增多，如「于闐故城」「牛頭山」「毗沙門決海」
等。五代時，翟奉達作為沙州曹氏政權文化方面的代表人物，特選于
闐「新樣文殊」繪製於莫高窟，更表明于闐、沙州兩地的密切關係又
有新的發展。

三

　　第 220 窟新發現的壁畫，包括中唐、晚唐、五代三個時代。中唐壁
畫，僅有龕內龕外幾鋪佛像。在龕外彌勒佛像下有兩身頭戴紅氈冠，
身穿左衽的吐蕃裝供養人，這是中唐壁畫重要的時代特徵。晚唐壁畫
僅存幾身供養人像，其中女供養人像頭束高髻，身著衫裙帔帛，圓
臉，眉目娟秀，表情溫靜，與第 9、138 窟等晚唐窟女供養人像風格相
同，仍然繼承著中原張萱、周昉一派「綺羅人物」的傳統。

　　新發現的壁畫中，重要的是五代的「新樣文殊」。此稿大約出於于
闐。所謂「新樣」是與「舊樣」相對而言。敦煌壁畫中的「文殊變」
最早見於初唐，畫於帳門兩側，文殊、普賢相對出現。如第 331 窟文殊
騎青獅，普賢乘白象，飛天托腳，天人奏樂，藍天白雲，飄灑爽朗。
盛唐時代畫於東壁門洞南北，文殊、普賢在諸天護衛中乘彩云飛行於
江海之上，畫面上部，有波瀾壯闊的水面和遠去的山巒樹木。中晚唐

11　《廣清涼傳》。

時代的文殊、普賢，畫面日益擴大，人物眾多，結構謹嚴，出現了馴獅牽象的「崑崙奴」。（榆林窟第 25 窟，文殊下方的崑崙奴手握韁繩，擺開雙腳，咬緊牙關，用力制止獅子前進；普賢下方的崑崙奴，舉手揚鞭，驅趕白象速行。）「新樣文殊」之「新」，是為了強調「文殊」的重要。除了適應當時對文殊的信仰，打破了文殊、普賢並出的慣例，使文殊單獨出現外，為了獨立畫面的需要，側面文殊一變而成了正面，文殊手執如意，端坐在青獅寶座上，增強了莊嚴肅穆之感。重要的現像是「崑崙奴」換成了「于闐國王」，這大約是倣傚梁武帝「捨身為奴」之義，現實人物直接進入了佛國世界，神人共處，並且擺在最顯著的位置。于闐國王穿四橫衫，長鞦氈靴，紅錦風帽高聳頭頂，有金梁為飾，頗似韁繩，叉開兩腳，作制止獅子前進狀。獅子回頭張望，在互相響應中突出了「新樣」的主題。

新樣文殊圖像的風行，到第 61 窟「大聖文殊堂」，配合大型五台山文殊道場全圖，中央佛壇只塑騎獅文殊，一如五台山中央「大聖文殊真身殿」所示，為單獨供奉文殊的高峰。新出大壁之新樣文殊圖像，可能出於曹氏畫院的「畫手」「畫工」之手。在人物造型上，無論是佛、菩薩或者翟氏家族的供養像，都已出現了明顯的公式化傾向，但面相造型、人物比例仍較準確。線描仍為蘭葉描，行筆尚算流暢。在色彩上可謂完好如新，整個色調厚重、鮮豔、瑩潤，特別是于闐國王面部的暈染，色薄味厚，紅潤光澤。於闐國王那身朱紅袍，體現了絲織品細柔光潔的質感。在壁畫賦色上的這種純熟的技巧，至今仍值得我們給予高度重視。

（執筆者：關友惠、施萍婷、段文傑。原載《文物》1978 年第 12 期）

讀《翟家碑》札記

　　P.4640《翟家碑》[1]①是敦煌遺書中一件敦煌文獻學界盡人皆知的「名品」，最早對該文書進行釋文的是蔣斧和王仁俊兩位先生。此後，十餘位學者相繼對該文書進行過錄文和考釋。到目前為止，《翟家碑》錄文已有十一家之多，現據錄文刊布時間順序概述如下：

　　1. 王仁俊（人稱「捍鄭太守」）錄文。1909 年，法國人伯希和在北京展示了他於 1908 年從敦煌巧取的部分敦煌文獻，當時在京的許多著名學者如蔣斧、王仁俊等都前往伯希和住處參觀、抄錄。同年 9 月，王仁俊出版了他輯錄的《敦煌石室真跡錄》，其中收有《翟家碑》錄文。[2] 王仁俊的《翟家碑》錄文是到目前為止，最接近原文的錄文（詳後）。

　　2. 蔣斧錄文。蔣斧在伯希和住所抄錄後編成《沙州文錄》，收入羅振玉和蔣斧輯錄的《敦煌石室遺書》。[3] 後羅福萇輯有《沙州文錄補遺》，

1　P.4640《翟家碑》，《法藏敦煌西域文獻》第 32 冊，上海古籍出版社 2005 年版，第254—255 頁。

2　王仁俊：《敦煌石室真跡錄》，1909 年國粹堂石印本。

3　羅振玉、蔣斧：《敦煌石室遺書》，1900 年 11 月誦芬室刊印，收入《敦煌叢刊初集》第 6 冊，新文豐出版公司 1985 年版，第 161—246 頁。

1924 年羅振玉將蔣斧《沙州文錄》一卷與羅福萇《沙州文錄補遺》一卷及羅振玉《附錄》一卷合在一起出版，書名題作《沙州文錄》。[4]上述兩書皆收有蔣斧《翟家碑》錄文。

　　3.《甘肅通志稿》錄文。楊思、張維等纂《甘肅通志稿》卷一一二《金石二‧石刻》[5]收有《翟家碑》錄文，錄文前有小字注云：

> 「原石今不存。敦煌莫高窟藏本有其全文，近人吳縣蔣斧考定印
> 行《沙州文錄》。」[6]

　　4.《隴右金石錄》錄文。張維《隴右金石錄》卷二收有《翟家碑》錄文，[7]錄文後小字注云：「《新通志稿》，翟家碑，原石今不存。敦煌莫高窟藏本有其全文，近人蔣斧采入《沙州文錄》。」考《新通志稿》即張維等纂《甘肅通志稿》，據此可知，張維《隴右金石錄》與《甘肅通志稿》均引錄自《沙州文錄》。

　　5.石璋如錄文。見《敦煌千佛洞遺碑及其相關的石窟考》。[8]

　　6.蘇瑩輝錄文。見《敦煌翟家碑時代考》。[9]

4　蔣斧：《沙州文錄》，1924 年上虞羅氏編印，收入《敦煌叢刊初集》第 6 冊，新文豐出版公司 1985 年版，第 203—209 頁。

5　1929 年，由國民黨駐甘總司令劉郁芬主持，下設通志局，第三次修纂省志，1932 年改為通志館，楊思任館長，張維任副館長。1936 年初稿終於完成，定名為《甘肅通志稿》，凡 130 卷。1934 年曾將卷一《甘肅省縣總分圖》和卷二、卷三《甘肅地理沿革圖表》作為單行本鉛印出版，其餘稿件因抗日戰爭爆發未及付梓，新中國成立前十餘年，張維持清抄本進行了增補。新中國成立後原稿本及清抄本交由甘肅省圖書館收藏，1964 年甘肅省圖書館從原稿中抽出油印了十三種，其中便有《甘肅金石志》，1994 年中華全國圖書館文獻縮微複製中心將《甘肅通志稿》作為稀見方志影印出版。

6　楊思、張維等纂：《甘肅通志稿》，「文革」後收入《中國西北文獻叢書》第 1 輯《西北稀見方志文獻》第 29 冊，蘭州古籍書店影印，1990 年，第 69—70 頁。

7　張維：《隴右金石錄》，甘肅省文獻徵集委員會校印本，1943 年，第 57—58 頁。

8　石璋如：《敦煌千佛洞遺碑及其相關的石窟考》，載「中央研究院」《歷史語言研究所集刊》第 34 本《故院長胡適先生紀念論文集》（上冊），1962 年，第 74—79 頁。

9　蘇瑩輝：《敦煌翟家碑時代考〉》，《大陸雜誌〉》第 36 卷第 10 期，後收入氏著《敦煌論集》，學生書局 1979 年版，第 427—434 頁。

7. 唐耕耦、陸宏碁錄文。見《敦煌社會經濟文獻真跡釋錄》第 5 輯《(二)墓碑、邈真贊、別傳、功德記等》。[10]

8. 鄭炳林錄文。見《敦煌碑銘贊輯釋》。[11]

9. 馬德錄文。見《敦煌莫高窟史研究》。[12]

10. 鄧文寬錄文。見《敦煌寫本〈翟家碑〉校詮》。[13]

11. 陳菊霞錄文。見《敦煌翟氏研究》。[14]

以上共 11 家《翟家碑》錄文，我們通過比較，發現沒有一家是完全相同的，甚至連王仁俊與蔣斧的都不一樣。王仁俊發表時用的是手寫石印本，個別難認的字，幾近臨摹，而蔣斧《沙州文錄》（筆者所見）的本子是鉛字排印本，個別地方不一樣。王、蔣二位先輩學者都沒有對錄文進行句讀。以愚意度之，一是他們急於公佈資料，以利世人研究；二是他們都很慎重。尤其是公佈資料的壯舉，讓人敬佩不已！自石璋如以下各家錄文，都有標點，但由於各自對碑文的理解不同，因而標點斷句也不盡相同，特別是一些關鍵性的文字，因釋文斷句不同而文意各異。

上海古籍出版社出版《法藏敦煌西域文獻》以後，其圖版比原來的縮微膠卷清晰多了，為敦煌學者提供了極大的方便，過去無能為力的，現在有辦法了。比如個別難認的字，不清楚的字，可以先拍照，再在電腦上用圖片瀏覽器放大閱讀，絕大多數問題都能解決。為了給讀者一個「原卷面貌」的描述，我思之再三而冒昧地再發一次錄文如下：

10　唐耕耦、陸宏碁：《敦煌社會經濟文獻真跡釋錄》第 5 輯，北京：全國圖書館文獻縮微複製中心 1990 年版，第 86—90 頁。

11　鄭炳林：《敦煌碑銘贊輯釋》，甘肅教育出版社 1992 年版，第 54—62 頁。

12　馬德：《敦煌莫高窟史研究》，甘肅教育出版社 1996 年版，第 303—305 頁。

13　鄧文寬：《敦煌寫本〈翟家碑〉校詮》，《中國敦煌吐魯番學會 2008 年度理事會議暨敦煌漢藏佛教藝術與文化學術研討會論文集》，三秦出版社 2011 年版，第 74—83 頁。

14　陳菊霞：《敦煌翟氏研究》，民族出版社 2012 年版，第 350—353 頁。

一、《翟家碑》錄校

1.錄文：

錄文説明：（1）錄文據原文用簡體字釋錄，用阿拉伯數字標明行次。（2）錄文中筆者所增補的字置於□內。（3）圓括號裡的字表示應以此字替換而文通。（4）缺字用□表示。（5）校記分別標以〔1〕、〔2〕、〔3〕……置於錄文後。

1. 翟家碑唐僧統述

2. 蓋敦〔1〕煌固封，控三危而作鎮。龍堆旁礴〔2〕，透弱水而川流。

3. 渥窪則西望金鞍，宕谷 則 東臨焉秀（岩岫）〔3〕。長岩萬仞，開聖洞之

4. 千龕；呀豁澄泉，引〔4〕青龍而吐潤。礠垠像，體勢平

5. 源〔5〕。分野膏腴，維邑坤德。奇謀卿將，應聖代而生賢；龍像

6. 高僧，繼法王之化〔6〕跡。總斯美者，其惟都僧統。和尚〔7〕

7. 起自淘（陶）〔8〕唐之後，封子丹仲為翟城侯，因而氏焉。其後柯分葉

8. 散，壁（璧）〔9〕去珠移，一支從宦〔10〕唯流〔11〕沙，子孫因〔12〕家，遂為敦煌人也。皇祖

9. 諱希光。金芒授彩，月角成姿。蘊孫子之韜鉗（鈐）〔13〕，曉黃公之秘

10. 略。矢穿七札，弧彎六鈞。河右振其嘉聲，上蔡聞其雅

11. 譽。目尋太白，臨八陣而先沖；風雲壯心，對三場而勇戰。轅門

12. 羡〔14〕德，將帥推賢。節下求能，囊錐先穎。陳謀佐命，定國難

13. 於奉天；毗輔一人，刻勳名於翠石。皇考諱涓。天然俊藝（逸）

〔15〕，神

14. 假精靈。丹穴鳳雛，生而五色。黃馬英詞莫比，碧雞雄辯難

15. 當〔16〕。一郡提綱，三端領袖。文茲〔17〕海量，志湧波瀾。敷五德以伏人，

16. 存百行而為本。加以情殷慕道，嘆巢父而拂衣；悟世非堅，

17. 念許由而洗耳。尚居羈靮，未免遄回。於是舍 俗 〔18〕出家，毀其形好。

18. 撥囂煩而取靜，頓息心機□□；既（慨）〔19〕世網而不拘，易相菩提之路。弟

19. 承慶，前沙州敦煌縣尉。稟風雲之氣，懷海岳〔20〕之靈。去三惑以居

20. 貞，畏四知而體道。惟忠惟孝，行存〔21〕貌杌之名；蒞職廉平，

21. 穎拔貂蟬之後。豈謂風燈運促，黃雄（熊）〔22〕之祟妖侵。手足長辭，

22. 痛鶺鴒之失羽。姪男懷光。智等松筠，情同鐵石。提戈遠鎮，

23. 荷戟從軍。戒〔23〕習七德之謀，對敵好六奇之勇。輕財重義，

24. 施惠求能。愛撫七尺之刀，聲播五涼〔24〕之俗。次姪懷恩。齠齔聰惠〔25〕，

25. 智有老成。文勘（堪）〔26〕師古〔27〕，文（武）〔28〕濟臨危。僉謂卓犖丈夫，寔兮

26. 鼎鼐。僧統先任沙州法律僧政。四輪□寶，三學樞機。定慧將

27. 水鏡俱青（清）〔29〕，戒月以（與）〔3○〕金烏爭晶。慈悲善誘，攝化隨宜。五乘

28. 之奧探玄，七祖之宗窮妙。威棱侃侃，凌霜之氣有殊；處

29. 眾矗矗，獨顯卓然之象〔31〕。名馳帝闕，□□□□；譽播秦京，

敕賜紫衣。

30.陞階出眾，麟角之美更新；風靡咸從，頂（頃）〔32〕省青雲之
士。施則

31.彌綸法戒（界）〔33〕，說真俗而並存；卷之入一毫端，譚〔34〕空
有而雙遣。

32.然則存不違遣，二利之行方圓；遣不違存，更建者〔35〕之窟。

33.四弘之誓，寒松之操不移；克意修營，鐵石之懷耿介。傾

34.聳騎，躬詣先（仙）〔36〕岩。陵（凌）〔37〕朝陽亦縈回，巡岅嶧
而瞻仰。璞

35.琢有地，締構無人。遂罄〔38〕舍房資，貿工興役。於是盈錘

36.競奮，块蚪磅轟。磽确耻山，宏開靈洞。興功自敦牂之歲，

37.□□□大淵之年〔39〕。郢人盡善〔刪以鈐鏝，匠者運斤而逞

38.巧。香廚辨供，每設芳筵。爰〔41〕召僧瑤（繇）〔42〕橫真（逞）〔43〕
績聖，內龕朔（塑）〔44〕

39.諸形象等。若乃釋迦輪足，化口緣而已周；彌勒垂蹤，顯當來

40.之次補。十地菩薩，妙覺功圓；八輩聲聞，□□□測〔45〕。多聞
護世，奮

41.赫奕之威光；力士呀哆，破耶山之魔鬼。蓮花藏界，觀行

42.澄澄；十首楞伽，親承教教〔46〕。淨名方便，汲引多門；薩埵投

43.崖，捨身濟虎。十二上願，化盡東方；十六觀門，應居西土
〔47〕。

44.金剛了義，贊善現而解空；天請報恩，□降魔而成道。焜

45.煌火宅，誘駕三車。中觀靈岩，上承珠綴。飛仙繚繞，散

46.空界之天花；淨（清）〔48〕信熙怡〔49〕，獻人間之供養。盤龍秀
出，舞

47. 鳳揚翔。嶝道遐聯，云樓架迴（回）〔50〕。崢嶸閣，張鷹翅而騰

48. 飛；欄檻〔51〕雕楹，接重軒而燦爛。紺窗曉露，□分星月之明；

階

49. 闢藏春，朝度彩云之色。溪菜道樹，遍金地布〔52〕森林；澗

50. 澄河口，泛漣澆而流演〔53〕。清涼聖境，僧寶住持。誘物知津，

51. 使歸喻〔54〕。苦集之因絕蔓，菩提種智抽芳。弘誓

52. 克周，咸通隨念。乃軫〔55〕陵成碧海，□谷變峴山。勒刻石銘，

53. 朴略頌記。其詞曰：我僧統兮德彌天，戒月明兮定慧

54. 圓。導群生兮示真詮，播芳名兮振大千。勒（敕）〔56〕賜紫兮日

下

55. 傳，鐫龕窟兮福無邊。五彩〔57〕莊嚴兮模聖賢，聿

56. 修厥德兮光考先。刻石銘兮寶剎前，劫將壞兮斯

57. 跡全。

2. 校記：

〔1〕「敦」字，原卷作「燉」，按：「燉」與「敦」通，本文均錄作「敦」。

〔2〕「旁礴」二字，諸家錄文校作「磅礴」，或作「旁薄」，考「磅礴」亦作「旁礴」，故從原卷為是。

〔3〕「則」字，據上文補。又「焉秀」，當作「岩岫」。按：「渥窪則西望金鞍，宕谷則東臨焉秀」為對仗文，「渥窪」對「宕谷」，「西望」對「東臨」，「金鞍」對「三危」應該說比較合理，但碑文第一句就有三危，為避免重複，改用「岩岫」，因音同而誤作「焉秀」。

〔4〕「引」字前，原有「胤」字，旁標有刪除符號，故不錄。

〔5〕「源」字，原卷作「源」，為「源」字之俗寫。

〔6〕「化」字後原有二字，寫後塗掉。

〔7〕「尚」字後原有二字，寫後塗掉。

〔8〕「淘」字，當作「陶」。

〔9〕「壁」字，當作「璧」。

〔10〕「從宦」二字，諸家的錄文不外乎三種情況：「從官」，「徙官」，「從宦」。「從」字，敦煌寫本往往寫作「　」，《翟家碑》也是如此。「宦」字，原卷作「宦」，考《干祿字書・去聲》：「宦、宦，上俗下正。」《康熙字典・午集下・穴部》：「窒，《篇海》俗宦字。」從字義上講，「宦」指仕宦，又釋為「學」，指學職事為官。「官」雖有多義，但也可釋為「宦」，故當據原文作「宦」。

〔11〕「唯流」二字，原卷作「為留」，後在「為」字上直接改成「唯」，而在「留」字旁作刪去的記號，校改作「流」。鄧氏校注認為：「若作『唯留流沙』則義通，抄者只改『留』為『流』，而未刪『唯』字，便不成句。」

〔12〕「因」字，原卷後加。

〔13〕「鉗」字，按：「鉗」通作「鈐」。

〔14〕「羑」字，諸家錄文多數作「羨」，個別作「美」。考原文決非「羨」或「美」。羑（音誘）德即誘德。「羑」作導引解。「轅門羑德，將帥推賢」，愚意以為「轅門」指軍事指揮機關，而翟希光處於其中能誘人以德，故而「將帥推賢」。原件第8—13行寫的是翟法榮的祖父翟希光。此人是《翟家碑》所列人物中最有實績的一位。他的事蹟，從蔣斧的《沙州文錄》翟家碑《跋》開始，至今尚未理順，筆者正在努力中，容後再議。

〔15〕「藝」字，當作「逸」。

〔16〕「黃馬英詞莫比，碧雞雄辯難當」句，「碧雞」諸家均錄作「碧豹」。「雞」與「豹」雖然只是一字之差，卻說來話長。原卷的「雞」

字，誰看了都會釋成「豹」。繁體字的「雞」，有兩種寫法：一種是左半邊為「奚」，右半邊為「鳥」；另一種寫法左半邊為「奚」，右半邊為「隹」。寫卷用的是前者。讓人容易誤釋的是：左邊潦草到「奚」非「奚」，「豸」非「豸」；右邊的「鳥」草寫成「勹」非「勹」，一筆畫成個「秤鉤」。把原件照片放大以後，反反覆覆地看，可以肯定左半邊是「奚」而非「豸」，因而右邊的「鳥」也就可以認可了。

「黃馬英詞莫比，碧雞雄辯難當」，這是一個有出處的典故，我輩自然生疏。如果當年蔣斧、王仁俊老前輩們能悟到此字雖然像「豹」，實乃「雞」，早就迎刃而解了。黃馬、碧雞的故事，發生於西漢。不過，原始的故事不是「黃馬碧雞」，而是「金馬碧雞」：漢宣帝（公元前74—33年在位）時期，「天下殷富，數有嘉應」，「是時，上頗好神仙」，[15]到處祭祀。皇帝好神仙，方士就逢迎，「或言益州有金馬碧雞之神。如淳注曰：『金形似馬，碧形似雞。』可醮祭而致，於是遣諫大夫王褒使持節而求之」[16]。王褒是與劉向、司馬相如齊名的人物。[17]他接受使命以後還寫有《碧雞頌》（也稱《祭金馬碧雞文》）。請神返京途中，王褒「於道病死」。使命雖然沒有完成，但他的《碧雞頌》卻很有名，後人還有為他打「抱不平」的，說是「空枉碧雞命，徒獻金馬文」[18]。不過，由於我同情王褒，反倒認為，王褒病死於道是最好的結局。試想，方士說的「金馬碧雞神」是會「時時顯靈」的，如果王褒能回到長安，修了神祠，但金馬碧雞之神不能顯靈（這是可以肯定

15　《漢書》卷六四下《王褒傳》，中華書局1962年版，第2821—2828頁。

16　《漢書》卷二五下《郊祀志下》，第1250頁。

17　《北史》卷四二《常爽傳附孫景傳》載：「司馬相如、王褒、嚴君平（嚴遵）、揚子云等四賢，皆有高才而無重位。」（中華書局1974年版，第1557頁）又《史記》卷一一二《平津侯主父列傳》載：「孝宣承統，纂修洪業，亦講論《六藝》，招選茂異，而蕭望之、梁丘賀、夏侯勝、韋玄成、嚴彭祖、尹更始以儒術進，劉向、王褒以文章顯。」中華書局1982年版，第2965頁。

18　《魏書》卷八二《常景傳》，中華書局1974年版，第1802頁。

的），豈不是有「欺君之罪」？說不定比「病死於道」更慘！

　　至於「金馬碧雞」，成了「黃馬碧雞」，目前還沒有找到可靠的證據，推測有兩種可能：一是《莊子・天下》中惠施「黃馬驪牛三」[19]的哲理。我第一次接觸這句話時，簡直是一頭霧水，但古代文人都很熟悉。一是孔子弟子中「善為堅白之辯」的公孫龍《變通論》第四，其中有「黃其馬也，其與類乎？碧其雞也，其與暴乎？」[20]之句。這也是古代文人所熟悉的，明代顧起元《説略》卷十九《冥契》中説到金馬碧雞時，就想到了我在前面引的《公孫龍子》裡的這幾句話。因此，黃馬、碧雞作為駢文對稱，古人並不陌生。

　　《翟家碑》的作者唐僧統，對黃馬、碧雞也不會生疏。不過，碑中所云「黃馬英詞莫比，碧雞雄辯難當」，當來自〔梁〕劉峻（461—531）的《廣絕交論》。《廣絕交論》是一篇駢文名作，後被收人《昭明文選》。[21]一人《昭明文選》，文章就會傳之萬代。又因為《廣絕交論》是劉峻見任昉諸子在其父死後生活「游離不能自振，生平舊交莫有收恤」，深感「素交」盡而「利交」興，於是奮筆疾書，恣橫酣暢地把當時社會上的「五交」「三釁」説了個透徹。再加上他的文字淋漓盡致，影響就更加深遠。他把當時人際交往中的「利交」歸為五類：勢交、賄交、談交、窮交、量交。説到「談交」時，其中有「騁黃馬之劇談，縱碧雞之雄辯」兩句，這就是《翟家碑》「黃馬英詞莫比，碧雞雄辯難

19　張耿光譯註：《莊子全譯》，貴州人民出版社 1991 年版，第 620 頁。

20　公孫龍著，龐朴譯註：《公孫龍子・通變論》，上海人民出版社 1974 年版，第 27 頁。

21　劉峻比昭明太子蕭統早生 40 年，而《廣絕交論》又是駢文名篇，蕭統自然要收人他編的《文選》。見《昭明文選》卷五五《論五》（中華書局 1986 年版，第 365 頁）。又因為《廣絕交論》的寫作由任昉兒子的遭遇而起，後來的《梁書》《南史》都收人《任昉傳》裡，見《梁書》卷十四《任昉傳》（中華書局 1973 年版，第 250—258 頁）。又《南史》卷五九《任昉傳》（中華書局 1975 年版，第 1452—1459 頁）。《藝文類聚》卷二一《人部五・絕交》（中華書局 1965 年版，第 397—399）也收有此文。唐以後收錄或引文者更多，可見此文影響之深遠。

「當」的出處。或許有人要問：劉峻的「騁黃馬之劇談，縱碧雞之雄辯」在其《廣絕交論》中乃貶義，而《翟家碑》中的「黃馬英詞莫比，碧雞雄辯難當」卻是褒詞。剛接觸劉峻有關「談交」這一段文字時，我也是這樣想的。後讀《六臣注文選》，唐人呂延濟有一段話打消了我的想法。他說：「黃馬驪牛三，謂黃、驪、色為三也，言辯者以此為劇談也。王褒為《碧雞頌》，雄盛辯詞之謂也。」光是「騁黃馬之劇談，縱碧雞之雄辯」，說不上什麼褒與貶，更何況悟真很會用典，他改成了「黃馬英詞莫比，碧雞雄辯難當」，形容翟涓能言善辯，文字優美，內容貼切。

〔17〕「茲」字，原寫作「資」，後標刪除符號，旁改寫為「茲」，後人把刪除符號當成三點水，誤錄為「滋」。

〔18〕「俗」字，據上下文意補。

〔19〕「既」字，當作「慨」。

〔20〕「岳」，原卷誤作「𡋯」，後在其旁改寫為「岳」。

〔21〕「存」字前，原有「孝」字，後標刪除記號。

〔22〕「雄」字，當作「熊」，鄧氏錄文同，其餘諸家錄文均作「黃雄」。考「黃熊之崇」的典故出自《左傳》。《春秋左傳》「昭公七年」載：「鄭子產聘於晉，晉侯有疾，韓宣子逆客，私焉。曰：『寡君寢疾，於今三月矣，並走群望，有加而無瘳。今夢黃熊入於寢門，其何厲鬼也？』對曰：『以君之明子為大政，其何厲之有。昔堯殛鯀於羽山，其神化為黃熊，以入於羽淵，實為夏郊，三代祀之。晉為盟主，其或者未之祀也乎。』韓子祀夏郊，晉侯有間。」[22]

〔23〕「戎」，諸家錄文均誤。王仁俊、蔣斧老前輩釋成「即戎」，但原文一點「即」的形象都沒有。他們之所以釋成「即戎」，是他們對《周易·下經·夬傳》所載「自邑不利即戎」這一典故太熟悉的緣故。

22 楊伯峻：《春秋左傳注》第 4 冊，中華書局 1990 年版，第 1289—1290 頁。

「即戎」就是「用兵」的意思。王、蔣以降，多數學者隨之，只有個別學者改為「和戎」或「驅戎」。對照原卷，「和戎」「驅戎」就差得更遠了。原卷「斅」字左邊的「學」，上半截擠得分不清筆道，但下半截的「子」字清楚，右邊的「攵」，從草書或行草的角度來看，可以認同，於是我想到了這是個「斅」字。「斅」字有兩個意思：斅，教也；斅，即效也。「戎」字多義，其中一項是軍隊、士兵之意。因此，此處的「戎」既可以作「教育士兵」解，也可以作自我軍事修養解。碑文「戎習七德之謀，對敵好六奇之勇」，說明懷光其人很懂軍事，帶兵打仗也很有指揮才能。

〔24〕「涼」字，原寫作「梁」，直接在其上改成「涼」。

〔25〕「惠」字，通作「慧」。

〔26〕「勘」字，當作「堪」。

〔27〕「古」字前，原有「固」字，標刪除記號，接寫「古」字。

〔28〕「文」字，本句與「文堪師古」為對文，「文」與「武」對，據上下文文意當作「武」。

〔29〕「青」字，當作「清」。

〔30〕「以」字，當作「與」。

〔31〕「處眾詵詵，獨顯卓然之象」句，諸家錄文或作「牲牲」，或校改作「兢兢」，均誤。一是「詵詵」二字清晰得很；二是「處眾詵詵，獨顯卓然之象」文意本通，有「鶴立雞群」之意。又「顯」字，原寫作「獻」，後標刪除記號，旁邊改寫為「顯」。

〔32〕「頂」字，當作「項」。

〔33〕「戒」字，當作「界」。

〔34〕「譚」字，同「談」。

〔35〕「耆」字，原寫作「祗」，標刪除記號之後，在旁邊加上

「耆」。

〔36〕「先」字，當作「仙」。

〔37〕「陵」字，今多作「凌」，考《別雅》卷二：「凌轢、陵轢也，按陵轢者，謂以勢加乎人之上而欺侮之也，用陵字為正，今多通借為凌。」

〔38〕「磬」字，原字的下半截，既非石，也非缶，而像立。

〔39〕「大」字前，本有三至四字，後又覆蓋掉。鄧氏錄文補作「畢功於」。

〔40〕「盡善」二字，原作「善盡」，「盡」字旁倒乙符號，據此乙正。

〔41〕「爰」字，原寫作「遠」，後在其旁加寫「爰」。

〔42〕「瑤」字，當作「繇」。

〔43〕「真」字，疑當作「逞」。「橫逞」有「充分施展」之意。

〔44〕「朔」字，當作「塑」。

〔45〕「測」字前，旁有三個小字，曰「少三字」。故加三個「□」。

〔46〕「蓮花藏界，觀行澄澄；十首楞伽，親承教教」句，「澄」和「教」兩字後有重文符號，王仁俊、蔣斧、張維、石璋如都釋成「觀行澄之」，「親承教之」，沒有看成重文。陳垣先生在論「重文誤為二字例」中說：「古書遇重文，多作二畫，元刻《元典章》重文多作兩點，沈刻既改為工楷，故有兩點變為『二』字者……亦有誤兩點為『之』字者。」[23]陳先生舉的一些例子，讓人看了哭笑不得。敦煌遺書中的重文，書寫者不同，表示方法也不盡相同，但以兩點居多。

〔47〕「西土」二字，原寫作「土西」，「西」字旁有倒乙符號，據

23　陳垣：《校勘學釋例》，中華書局 2006 年版，第 29—30 頁。

此乙正。

〔48〕「淨」字，當作「清」。

〔49〕「熙怡」二字，原卷作「源怡」，顯系筆誤。

〔50〕「迴」字，當作「回」。

〔51〕「欄檻」二字，原作「檻欄」，在「欄」字右上方給有倒乙符號，據此乙正。

〔52〕「布」字，諸家錄文均作「而」，鄧氏錄文校改作「如」。原件本寫成「而」，後稍加改動，成為「布」。「而」字是《翟家碑》中出現頻率最高的字之一。原卷的書寫者，同一個字經常寫法不一，但對「而」字，我注意了一下，卻是相同的。因此「遍金地布森林」的「布」，字、義均通。

〔53〕「澗澄河□，泛漣旋而流演」句，「澗」字為第49行的最後一字，與第50行第一字「澄」相連。自鄭炳林先生之後，都認為本句有脫文，只是脫字置於何處有分歧。愚意以為，此句與上一句是駢文式，故當作「溪簫道樹，遍金地布森林；澗澄河口，泛漣淀而流演」。又「淀」字，各家都釋成「涎」，考《說文解字‧水部》：「淀，回泉也，從水旋省聲，似沿切。」《康熙字典‧巳集上‧水字部》：「淀，《廣韻》：『辭戀切，音旋。義同。□通作漩。』」故當作「淀」。

〔54〕「清涼聖境，僧寶住持。誘物知津，使歸喻」句，其中「誘物知津，使歸喻」的「誘」字，各家都未能正確釋讀。王仁俊幾近臨摹，又似是而非。蔣斧錄作「望」。其餘諸家作「濟」。馬德作「□」。實際上，原卷此字的左半邊為簡體的「言」字旁，是很清楚的，右邊的「秀」卻讓人費猜疑。《翟家碑》中共有三個「誘」字，寫法各不相同，但其他兩個都好認。學者們都認為《翟家碑》是抄件（因為沒有碑額原文），因此我估計，這個「誘」字，當年的抄錄者也是「照貓畫

虎」。其實，「誘物知津，使歸 喻」的「栿喻」出自《金剛經》，「栿」通作「筏」。以翟僧統為窟主的莫高窟第85窟窟內畫有《金剛經變》，在敦煌莫高窟，「栿喻」是確認《金剛經變》的標誌性畫面：只要看見某幅經變畫中有一個「竹栿」在水中漂浮，那肯定就是《金剛經變》。所謂「栿喻」，是指修行者要想到達「彼岸」，就像過河渡海需要船、筏一樣。但是，《金剛經》云：「如來常說，汝等比丘，知我說法，如筏喻者，法尚應舍，何況非法！」這就是說，渡河須用栿，到岸必棄船。這才是「栿喻」的完整意思。《金剛經》的「筏喻」很有點《莊子·外物》「筌者所以在魚，得魚而忘筌」（張耿光：《莊子全譯》，第497頁）的意思。《翟家碑》中的「誘物知津，使歸栿喻」，誘者引導之意，物者除我以外之人，直白地說，就是指翟僧統不僅引導善男信女找到通往「彼岸」的渡口，而且讓人們懂得「栿喻」的真正含義。「誘物知津」是都僧統的神聖使命——讓人相信：只要信佛，便可以到達彼岸，而「使歸栿喻」則是他需要更進一步宣傳的哲理——到岸棄船。

〔55〕「軨」字，原作「稱」，《康熙字典·酉集下·車字部》：「稱，俗軨字。」

〔56〕「勒」字，當作「敕」。

〔57〕「彩」前，原寫有一「采」字，後塗掉。

二、關於碑文的標點和「□」之我見

1.關於標點：

對一篇古文獻的標點，也許不會有兩人是完全相同的。就《翟家碑》而言，王仁俊、蔣斧、張維三位前輩的錄文都沒有句讀。自石璋如先生以下，各家的錄文都有標點，但沒有一家是相同的。我做《翟

家碑》錄文時曾想：用句讀最簡單。殊不知句讀也不容易，個別地方，你都不知道應在哪裡畫圈，斷不了句。既然如此，乾脆迎難而上，還是用標點符號為好。對於作者來說，一篇文章中的標點符號，不光表示語感，甚至包含著他的激情。古人的文章，我們現在代為標點，本來就勉為其難，更何況現在的標點符號用法，有的符號，如分號，有的時候可用可不用。拿駢文來說，「四六文」的句式，往往對偶排比，兩句之間，可以用句號，也可以用分號。我的《翟家碑》錄文，對於這種句式，多採用分號。恕我冒昧，自我感覺是：用分號不僅有層次感，而且韻味更濃。此外，

我的標點與諸家不同者，略為辨析如下：

第 6 行「總斯美者，其惟都僧統」。凡有標點者，都是「總斯美者，其惟都僧統和尚」。又因為原件在「和尚」二字之後塗掉二字，於是有的錄文就釋成「其惟都僧統和尚歟！」。實際上，「和尚」二字是下一句的主語：「和尚起自陶唐之後」，文清理順。敦煌文獻碑、銘、贊中，這種句式何止一二！

第 29—31 行，不加標點的原文為：「名馳帝闕譽播秦京敕賜紫衣陞階出眾麟角之美更新風靡咸從頂（項）省青雲之士施則彌綸法戒（界）說真俗而並存卷之入一毫端譚空有而雙遣」，正因為各家只注意前面 16 字為「四言」，而沒有考慮對偶，即使前面四句勉強可通，後面的全就「擰」了。我從四言對偶考慮，認為前面 16 個字之間有脫文，因而我的標點就成了：

名馳帝闕，□□□□；譽播秦京，敕賜紫衣。

根據這一句式，我認為四字脫文應該是「遷加僧統」，於是行文就成了：

　　名馳帝闕，遷加僧統；譽播秦京，敕賜紫衣。

考 P.4660《河西都僧統翟和尚邈真贊》「名馳帝闕，恩被遐荒；遷加僧統，位處當陽。」按：「名馳帝闕」對「譽播秦京」；「遷加僧統」對「敕賜紫衣」，應該説對仗還是可以的了。《翟家碑》原件是 P.4640 中的第 4件。P.4640 共有 11 件碑、銘、贊，是一份「檔案」性質的重抄的文書，既不是碑文原稿，更不是拓片，因而訛字脱文在所難免。接下來的文字，按駢體文來梳理，就比較順利了：

　　陞階出眾，麟角之美更新；風靡咸從，頃省青雲之士。施則彌綸法界，説真俗而並存；卷之入一毫端，譚空有而雙遣。

　　這幾句文字，兩句「四六文」，是接著前面的「名馳帝闕，遷加僧統；譽播秦京，敕賜紫衣」，説翟法榮都僧統的地位特殊（「陞階」有「地位」之意），原本就是鳳毛麟角之人，而今更好。「風靡」有「傾倒」「仰慕」之意。玄奘《大唐西域記》載：「彼大自在天、婆藪天……佛世尊者，人皆風靡，祖述其道。」[24]因此「風靡咸從」乃仰慕相隨之意。「頃省青雲之士」的「頃」即「傾」，許慎《説文解字》：「頃，頭不正也。」[25]段玉裁《説文解字注》曰：「……引申為凡傾仄不正之稱，今則傾行而頃廢。」[26]「省」應讀「醒」，音、義均同。「青雲之士」可有多種解釋，愚意以為此處指的是「文士之追隨者」。
　　至於「施則彌綸法界，説真俗而並存；卷之入一毫端，譚空有而雙

24　玄奘：《大唐西域記》卷十一《摩臘婆國》，季羨林等：《大唐西域記校注》，中華書局 1985 年版，第 904 頁。

25　許慎：《説文解字》，中華書局 1979 年版，第 168 頁。

26　段玉裁：《説文解字注》，上海古籍出版社 1981 年版，第 385 頁。

遣」，是從隋代嘉祥大師吉藏（549—623）的《法華玄論》發展而來的。吉藏的原文是：「卷之則不留一毫，舒之則彌綸法界。」[27]

到了唐代澄觀（738—839）的筆下則有「舒則彌綸法界，卷則足跡難尋」之句，[28]把吉藏的句子顛倒了一下。《翟家碑》的語序與澄觀相同，其譬喻則近于吉藏。走筆至此，有兩點需要説明：一是「舒則彌綸法界」的「舒」字，碑文作「施」，這大概是當年抄錄者的西北方音所致；「譚空有而雙遣」的「譚」字同「談」。二是為什麽碑文成了「施則彌綸法界，説真俗而並存；卷之入一毫端，譚空有而雙遣？」，因為碑文説的是都僧統翟法榮如何在敦煌講經弘法，把吉藏的話發揮了一下，使之更接近翟法榮的實際。吉藏對「施則彌綸法界」和「卷之入一毫端」的解釋是：「雖舒而不有，雖卷而不無。」澄觀的解釋是：「即舒恆卷，即卷恆舒。即展卷無礙。」

2.關於「□」：

本文錄文中的「□」有三種情況：一是本文所加；二是原件有空白；三是原件上寫有「少三字」的小字注，本文把它改成「□□□」。現把本文所加的「□」解釋如下：

中國的文章，自從漢魏時期出現駢文以後，人們習以為之，後來竟成了「自古文章珍駢儷」。到了唐代，流行一種以四字六字相間對句的駢文，也叫「四六文」，四字在前，六字在後，形式活潑，對仗工整，文字優美，音調鏗鏘。柳宗元曾説：「駢四儷六，錦心繡口。」[29]駢儷作記、序、碑、碣，成為有唐一代的文體。洪邁《容齋隨筆四筆》曰：「王勃等四子之文，皆精切有本，原其用駢儷作記、序、碑、碣，蓋一時體格如此。而後來頗議之。杜詩云：『王楊盧駱當時體，輕薄為文哂

---

27 吉藏：《法華玄論》卷一，《大正藏》第34冊，第361頁。

28 澄觀：《華嚴經行願品疏》卷一，《大正藏》第5冊，第51頁。

29 柳宗元著，廖瑩中編註：《柳河東集》卷十八《騷・乞巧文》，上海人民出版社1974年版，第316頁。

未休。爾曹身與名俱滅，不廢江河萬古流。』正謂此耳。『身名俱滅』以責輕薄子，『江河萬古流』指四子也。」[30]《翟家碑》之文，也是駢文。我自從悟得「碧雞雄辯難當」之後，時不時重讀鄭炳林先生的《敦煌碑銘贊輯釋》，對比之下，唐悟真的行文，無愧於前人。我約略統計了一下，通篇有四六文 17 對，至於四言對偶、七言對偶，隨處都是。本文中的「□」，有的就是在琢磨唐人以「駢儷作記、序、碑、碣」的啟發下悟出來的。如：

第 18 行「撥囂煩而取靜，頓息心機□□，既（慨）世網而不拘，易相菩提之路」，如果我們把它們擺成對聯，就成了：

撥囂煩而取靜，頓息心機□□；慨世網而不拘，易相菩提之路。

以愚意度之，這兩個框框，可能是「之謀」或「之門」二字。

第 26 行「四輪□寶，三學機樞」，從行文上看，絕對不會是原捲上的「四輪寶，三學機樞」。而從對偶上講，「四輪」對「三學」，既是名詞對名詞，又是數字對數字，那麼後面就應該是「□寶」對「機樞」。這個「□」能用的字「法」「聖」「勝」皆可。

第 29 行「名馳帝闕，□□□□；譽播秦京，敕賜紫衣」。正像「譽播秦京，敕賜紫衣」那樣，前面的「名馳帝闕」也應緊跟著四個字，這四個字當為「遷加僧統」。如此則既符合翟法榮的身分，也使句式完整。

第 39—40 行「若乃釋迦輪足，化□緣而已周；彌勒垂蹤，顯當來之次補」。這一組文字，最前面的「若乃」是冠詞，統攝二組「四六文」。從內容來看，說的是釋迦涅槃、彌勒成佛。因此，沒有脫字的原

---

30 洪邁著，魯同群、劉宏起校註：《容齋隨筆四筆》卷五《王勃文章》，中國世界語出版社 1995 年版，第 437 頁。

文應該是：「釋迦輪足，化前緣而已周；彌勒垂蹤，顯當來之次補。」

第 44 行「金剛了義，贊善現而解空；天請報恩，□降魔而成道」。說的是窟內壁畫的內容（碑文從 38 行後半起，說的是 85 窟窟內壁畫、塑像的內容）。「金剛了義，贊善現而解空」，指的是《金剛經變》，而「天請報恩，□降魔而成道」則指的是《思益梵天所問經變》《報恩經變》《勞度叉斗聖變》。從句式的對仗來看，「□」可能是「頌」的脫字。

第 48—49 行「紺窗曉露，□分星月之明；階闕藏春，朝度彩云之色」。這一組說的是環境。根據後一句「階闕藏春，朝度彩云之色」，反轉來看前頭那一句，則立即可以得出「紺窗曉露，夜分星月之明」。因而得知原文不但脫一字，而這一脫字為「夜」字。

第 49—50 行「溪簜道樹，遍金地布森林；潤澄河□，泛漣淀而流演」。我根據最後一句「泛漣淀而流演」，認為前面那一句應是「潤澄河清」，原卷的脫字在「河」之後。「潤」者，兩山之中的小溪也；澄者，清澈也。「潤澄河清，泛漣淀而流演」說的是小溪大河，川流不息。至於把脫字放在「潤」之後，成了「潤□澄河」或釋為「潤□澄荷」，似乎都未理順，因為「澄河」「澄荷」作為詞語，頗難理解。

第 52 行「乃軫陵成碧海，□谷變峴山」，指的是翟法榮和尚的功績。原文為「乃軫陵成碧海，谷變峴山」。從對仗來看，「軫陵」必須對「□谷」。此句的「軫陵成碧海」比較難解。《說文解字》曰：「軫，車後橫木也。」只此一說。現在「軫」字多義，與「軫」相連的詞，有「軫石」「軫丘」，但沒有「軫陵」，而「軫」又作「方」解，「軫石」即方石、「軫山」即方山也。《康熙字典‧酉集下‧車字部》曰：「軫，……地形盤曲貌。」這樣，就字面而言，「軫陵成碧海」就可以勉強解釋為：盤曲的大土山變成了碧海。那麼後面的一句應該是什麼「谷」變「峴山」呢？我第一次琢磨此句時，直覺告訴我：「宕谷變峴山。」理由是：「峴山」——小而高的山嶺，莫高窟在宕泉河谷的山上，至今敦煌當地人還稱到莫高窟去為「上山」「去山上」。又，峴山

是山名，全國共有二處——湖北襄陽、浙江湖州，這二處峴山都因文人、名士的「常登臨」而成為名山。現在我們再把話拉回到《翟家碑》：從第 50 行「清涼聖境，僧寶住持」開始，説的是都僧統翟法榮對敦煌佛教的宣傳、管理——「誘物知津，使歸 喻。苦集之因絕蔓，菩提種智抽芳。弘誓克周，咸通隨念」。而「軫陵成碧海，宕谷變峴山」是對其成績的比喻。

三、一點感想

　　1909 年，伯希和在北京給中國文人展示他從敦煌巧取到的部分敦煌文獻之後，當時在京的許多著名學者如劉廷琛、柯劭忞、曹元忠、蔣斧、王仁俊等紛紛前住伯希和住處參觀、抄錄，羅振玉因感冒未能前往。蔣斧 1909 年編輯了《沙州文錄》，他在《序》中説：「今年秋，遇法蘭西學士伯希和於京師，讀其所獲敦煌石室書卷，其完整者已由同人集金影寫，所餘叢殘文字，皆足考見沙州沿革而補正舊史，乃與同縣王捍鄭太守盡二日之力，手錄之，得碑贊敕牒雜文二十餘篇。碑贊皆當時寺僧傳寫之本，潦草訛奪或至不能句讀。審諦揣摩，僅乃繕寫。其不可辨者，缺之，命之曰《沙州文錄》。」[31]王仁俊同年編的《敦煌石室真跡錄》則曰：「伯君來都，賢士大夫咸往訪之，俊則齎油素，握鉛槧，懷餅就鈔者四日。」[32]余每讀至此，前輩敦煌學者的酸楚，感同身受，對他們的尊敬油然而生。蔣、王二位老前輩對《翟家碑》的錄文，是《翟家碑》釋文的基礎，是他們學識的體現。如對「鶄鶄」二字的釋讀，如不知其典，便無能為力，因為原文的「鳥」字非常潦草，且兩個「鳥」寫法不一，「鶄」又寫作「鵬」，兩字音義皆同。

　　筆者平時讀書所做的札記裡面，常記一些「興之所至」的東西，

31　蔣斧：《沙州文錄·序》，1909 年 12 月收入羅振玉編《敦煌石室遺書》，誦芬室刊行。
32　王仁俊：《敦煌石室真跡錄》，1909 年國粹堂石印本。

其中有唐人劉知幾《史通》言：「笑前人之未工，忘己事之已拙，上知猶其若此，而況庸庸者哉！」[33]我無疑是庸庸者，因此，在《翟家碑》的研究上，豈敢「笑前人之未工」！陳寅恪先生在《三論李唐氏族問題》一文中說：「夫考證之業，譬諸積薪，後來者居上，自無膠守所見，一成不變之理。」[34]我也是「積薪」者之一，某些方面肯定也是「後來者居上」。當然也是「自無膠守所見，一成不變之理」！在批評聲中前進，其步伐往往更矯健，我將翹首以待。

（原載《蘭州大學學報（社會科學版）》2009 年第 5 期）

33　〔唐〕劉知幾著，〔清〕浦起龍釋：《史通通釋》卷八《內篇・書事》，上海書店據商務印書館 1937 年版影印，1958 年，第 54 頁。

34　陳寅恪：《金明館叢稿二編》，上海古籍出版社 1982 年版，第 304 頁。

奇思馳騁為「皈依」

——敦煌、新疆所見須摩提女因緣故事畫介紹

　　敦煌莫高窟第 257 窟是北魏時期的洞窟之一。參觀過莫高窟的人，都知道這個窟裡有一幅有名的壁畫叫鹿王本生。它的位置在西壁之下部南段。北段應是另一幅故事畫的開篇。過去，由於鹿王本生故事裡有「王后夜夢九色鹿」這一情節，而須摩提女因緣又恰好從須摩提女臥床不起開頭。這樣，就把後者也歸為鹿王本生的組成部分。多少年來，不僅洞窟講解如此，連畫冊說明也是如此。這種巧合加誤會限制了我們的思路，肢解了另一幅故事畫。1973 年我們整理敦煌遺書，因偶然的機會仔細讀了一次《須摩提女經》，才把思路打開，把第 257 窟西壁北段和北壁連起來考慮，這才恍然大悟：原來它是須摩提女因緣故事。

　　須摩提女因緣故事大概是：須摩提女篤信佛教，而她父親卻把她嫁給了外道家，過門以後，她很不禮貌，甚至於關上門睡大覺，誰都不見，得罪前來賀喜的客人，得罪了公婆、丈夫。她公公滿財長者把

一腔憂愁告訴給自己的知心朋友。當這位朋友知道新媳婦就是須摩提女時，著實大吃一驚——因為她是佛弟子，於是就把有關佛的神威告訴給滿財長者，滿財長者讓須摩提女把她的師父——佛請來相見，須摩提女欣然應諾，立即上高樓焚香請佛（圖1），佛即刻「遙知其意」，並吩咐跟前的弟子們準備第二天赴宴。

▲ 圖1　高樓焚香

　　第二天，須摩提女帶領公婆、丈夫等等，在門外迎接釋迦牟尼一行。釋迦的弟子各顯神通，一個個從空中飛來：

乾荼（伏佚）背負大鍋；

沙彌均頭變出五百棵花樹；

般特變出五百頭青牛；

羅云變出五百孔雀；

迦匹那變出五百隻金翅鳥；

優毗迦葉變出五百條七頭龍；

須菩提變出琉璃山；

大迦旃延變出五百白鵠；

離越變出五百虎；

阿那律變出五百獅子；

大迦葉變出五百馬；（圖2）

大目犍連變出五百六牙白象。

　　當他們乘坐各自變化之物，一個個從天而降的時候，滿財長者都要問須摩提女：「這是你的師父嗎？」回答都不是。最後，釋迦在眾弟子的前呼後擁下出場。按照佛教的需要，當然最後是外道被佛的威力所降服，統統皈依佛教。

▲ 圖2　阿那律與大迦葉

　　這幅須摩提女因緣是按照三國孫吳時支謙譯的《須摩提女經》繪製的。《大正藏》收輯了與此經大同小異的三個本子，即：吳天竺沙門竺律炎譯《佛說三摩竭經》；吳支謙譯《須摩提女經》；前秦曇摩難提譯《增壹阿含經・須陀品第三十》。支謙譯本，又有兩種，第一個譯本簡單，第二個譯本詳盡，文字也好。第257窟是北魏洞窟，雖然這時已有關於須摩提女的三個譯本，但竺律炎譯本的情節和壁畫對不上號，《增壹阿含經》故事情節相同，可是譯者比支謙晚，只能是後者來自前者，因而我們認為這幅畫是根據支謙譯本繪製而成。同時，此窟的鹿王本生也是根據支謙譯的《九色鹿經》繪製的。在敦煌莫高窟，這兩

幅畫都是獨一無二的。

　　關於支謙，我們所知很少。慧皎《高僧傳》附支謙於康僧會傳。其他有關史籍的記載，都和僧傳差不多，只是譯經數目多寡不同而已。據記載，支謙本月支人，何時來華史書未詳，只知漢靈帝末年避亂奔吳，由此可知，他是經河西入中原的。他和敦煌有什麼關係，也是不得而知。敦煌莫高窟為什麼會如此集中地出現用支謙譯經繪製的壁畫？這個問題只好存疑。新疆克孜爾石窟也有為數不多的須摩提女故事畫，位置都在窟頂。與敦煌相比，雖然時間先後差不多，但在取材和表現手法上，則既有聯繫又有區別。新疆、敦煌同為古代「絲綢之路」必經之地，經濟文化往來極為密切，互相影響是極其自然的。值得注意的是，兩地畫工都以鮮明的民族特色、地方特色，繪成同一題材而風格不同的壁畫。兩地的壁畫，作為我國古代壁畫藝術的優秀傳統的實物保留至今，更是值得慶幸的。

　　須摩提女故事畫，兩地都用長卷連環畫的形式表現佛經內容。用壁畫來對照經文，兩地畫工都善於利用有限的畫面簡化冗長的經文。

　　佛經以須摩提女說服婆家信佛而告終，兩地畫家也都抓住須摩提女取得勝利，即佛教取得勝利這個主題。但是，他們呈獻給觀眾的卻是各有風格的自己的畫。

　　就題材看，新疆壁畫的繪製者選用的是開門見山的辦法，突出須摩提女正在房頂焚香請佛，以及諸弟子各顯神通變化前來赴會的場面。（圖3）敦煌的藝術匠師卻用不太多的筆墨，在「焚香請佛」之前，描繪了須摩提女與婆家發生衝突，把前因後果都展示給人們。歷代的佛教推行者繪製佛教藝術的目的，是要「觀者信，聽者悟」。敦煌壁畫中的各種故事畫，多數首尾完整而又突出重點，力求最大限度地達到「觀者信，聽者悟」的預期效果。有頭有尾，有鋪墊，有高潮，這可以

説是敦煌故事畫的一大特點。釋迦諸弟子「赴會」，在經文裡是重點，著重於渲染佛教的「法力無邊」。兩地畫工都服從主題的需要，讓這一段畫面占據三分之二乃至五分之四的重要地位，但繁簡不同：敦煌的畫工忠實地按照經文一一羅列，畫了十三個場畫，甚至先後次序都紋絲不亂，火頭軍乾荼背著大鍋先行，沙彌均頭化作花樹第二，般特乘五百青牛第三，羅云乘五百孔雀第四……新疆的畫工則擇其所需，而且先後次序隨心所欲。

▲ 圖 3　焚香請佛　克孜爾石窟第 205 窟

　　就結構佈局而言，也是有同有異，各有千秋。敦煌的氣魄較大，敘事簡練，刻畫周密，如畫一座前有廳堂、中有高樓、後有花園、四面圍牆的富宅大院，把滿財長者的「滿財」二字描繪出來。高樓的最下層，須摩提女閉門臥床不起，拒不會見賓客，因而前廳的客人（均為婆羅門形象）議論紛紛。在須摩提女與賓客之間，畫一老人左手托腮，看得出是滿財長者在發愁。這樣，把矛盾沖突和盤托出，簡單明了。緊接著，在高樓的最上層，須摩提女正持香爐焚香迎旨，求師赴

宴。通過這場家庭衝突（即佛教與外道的衝突）出現和解轉機，才引出在院門外恭迎佛及弟子的人群，以及弟子和釋迦赴宴的場面。與此相適應，構成了畫面向心佈局，即以須摩提女及其家人、國中人民為中心，一面是歡迎的人群，一面是赴會的聖眾。新疆的須摩提女故事畫由於開始就是高潮——須摩提女上高樓請佛赴宴，緊接著的只是輕鬆愉快的赴會場面。與此相適應，它的結構只能是「出行圖」式的。如果説總體結構有別是取材使然的話，那麼個別發揮則是畫家匠心所在。如：同是諸弟子所乘的各種動物，新疆壁畫注重各自的特點，組成裝飾性很濃但又清新輕盈的、獨立性較強的畫面，像羅云乘騎的孔雀、優毗迦葉座上的龍、沙彌均頭的花樹，畫家們都把它組成背屏、靠背椅、身光頂光似的畫面，像圖案一樣，使觀者耳目一新。

（圖4）而敦煌壁畫則以多樣統一作為構思的原則，不管是笨重的大象、青牛，還是撒野的獅子、老虎；也不管是翱翔的天鵝（白鵠）、金翅鳥，還是不動的琉璃山，一律讓它們飛昇，風馳電掣般一閃而過。也就是説，把不同的動物乃至大山，先按「飛」的要求來佈局，然後才考慮「同中有異」；畫是單幅的，效果是奔騰呼嘯而過的統一體。

▲ 圖4　須摩提女因緣　克孜爾石窟第224窟

從表現手法上看，兩地畫家都顯示了各逞奇思而得心應手的卓越才能。就拿諸弟子赴會來説，按照經文，本來是千篇一律、枯燥無味

的玩意兒，經畫家再創作，卻成了變化多端、栩栩如生的形象。新疆壁畫中的坐騎，三兩一組，五隻一群，有側面，有正面；體形笨重的白象，用靜止但有生氣的畫面處理，而白鵠、獅子、虎、馬則分別以奔馳、飛翔的大動作，穿插在龍、象、花樹之間，取其動靜相間的效果。白鵠輕盈，獅虎勇猛，大象莊重，各有各的神態，尤其是那開屏的孔雀，引頸回顧乘者，試與媲美之情給人以美的享受。敦煌壁畫中的諸弟子赴會，畫家們用傳統的手法加上巧妙的聯想，使畫面更為生動活潑，豐富多彩。如：伏伕乾茶「分身」為幾人，有的背負大鍋，有的手持家什；均頭沙彌的花樹，敷衍成花園，有水池，有花木，採摘的、汲水的勞動其間，使人與前面的伏伕產生「做飯」的聯想，烘托出盛會的氣氛。其他各弟子乘坐的動物，則著重刻畫不同動物美的形態變化，去突破可能使人乏味的大量的重複情節。將青牛、金翅鳥、孔雀、獅子、虎、象等等，用誇張、概括的手法來表現，達到形體精練而神采飛揚。如一向步履蹣跚的青牛，竟然群起飛奔，個別的還有回顧的餘暇，誇張中並不覺得有失常態，最為難得。又如，獅虎表現其野性，白鵠表現其高潔飄然，形神兼備，恰如其分。再如，為了表現身重腿壯的白象居然也撒腿飛奔，畫家竟在象鼻子上做功夫，讓它旋捲作態，變前進中的阻力為「助力」。更有趣的是，五頭之外另有一掉頭白象裏於群中。這意外，首先引起觀者的注意，繼而發現畫家正是通過這頭意欲離群的白象，才風趣地描繪出這群大象奔而不快的特徵。

　　從人物造型、藝術風格上看，兩地既有共同的典型又有各自的特色。敦煌的須摩提女故事畫跟其他北魏壁畫一樣，具有早期壁畫的共同點，即在民族藝術傳統的基礎上，吸收地方藝術的精華，從而不斷豐富和發展民族藝術傳統。如畫面上那些勇猛奔騰的動物，「雀尾扇

形」的樹葉，都使人想起漢晉墓室畫像。但人物中略為豐滿的長方臉型，卻和當時風行於南朝的「秀骨清相」有顯著的區別，而和新疆石室的須摩提女故事畫中的人物近似，只不過新疆壁畫的臉型更方圓，嘴上多鬚髯，表現了少數民族的特點。在著色暈染上，兩地都用隆起部位色淺、邊沿色深的辦法以表現立體感，它雖不同於漢晉傳統，卻是當時流行於新疆、敦煌的暈染法之一。敦煌早期壁畫，由於年深日久，色彩變化，原來的疊染部分變成了一道道粗黑的線條，往往被人誤認為是北魏壁畫粗獷的表現。我們說北魏畫確實有著筆力豪邁的特點，但變色後的現狀絕非原貌。這一點，只要留心其他尚未完全變色的北魏壁畫，就可以清楚地看出，這時的人物造型並沒有離開「以線造型」這個古已有之的傳統。因為畫師們在用疊染法畫成的圓潤的形體周圍，還要給每一個近乎完成的形體描上剛勁有力的線，才算結束了造型的全過程。如果我們注意到須摩提女等幾個婦女的神態及其他斷斷續續留存的刻畫形體的線條，尤其是那些直到目前還十分清晰的加強衣紋、披巾等處飛揚飄動的白色線條，就會發現，這幅畫的成就，恰好反映出敦煌地區的北魏畫，正處在吸收地方藝術的營養，進一步發展民族藝術傳統的嘗試階段。

新疆壁畫以裝飾性見長，敦煌壁畫以形象生動取勝。但是，新疆的龜茲服再現在敦煌，而龍尾絞結的漢畫傳統又出現在邊陲新疆，先疊染後描線的造型手法，兩地同樣，多民族的文化相互交流又各有創造性，這就是我國民族繪畫的傳統作風。

（署名李其瓊、施萍婷，原載《敦煌學輯刊》創刊號，1980 年）

敦煌經變畫

　　敦煌藝術包括彩塑藝術、壁畫藝術和建築藝術。本文只談敦煌壁畫藝術，而且僅限於「敦煌經變畫」。

　　敦煌莫高窟有 45000 平方米壁畫。在統計數字常有不實的今天，我在動手寫此文之前，突發奇想：如今人人皆知的 45000 平方米這一數據何時開始的呢？根據是什麼呢？請試想：假如我們把莫高窟的壁畫按一平方米的高度連接起來，足足 45 公里！她是世界壁畫第一長廊，誰會說不是？如果我們的數字不實，豈不有負天下人？我請教元老級的石窟保護所所長孫儒僩先生，他說：「你算問對了，那是本人帶著一些人，一個個洞窟挨著丈量出來的。最後統計時，我還把實在破爛的面積減去了一些。」得知原委，我如釋重負，也算得到一點收穫，並「夾帶」在此文的開端，萬望讀者見諒。

一、什麼是「經變畫」？

　　在佛教藝術中,把佛經內容、故事、哲理畫成畫,或雕刻成圖像,就可以叫作「變」,或稱之為「變相」,或稱之為「經變」。

　　最早記載的「變」,見於東晉時的《法顯傳》。法顯印度取經時,在師子國見到了由真人扮演的睒子變等:「佛齒常以三月中出之……王便夾道兩邊,作菩薩五百身已來種種變現,或作須大拏,或作睒變,或作象王,或作鹿、馬。如是形像,皆彩畫莊校,狀若生人。然後佛齒乃出,中道而行。」東晉支道林(314—366)《阿彌陀佛像贊並序》對西方極樂世界進行了描述,可能是中國最早的經變。[1]到了唐代,佛教「經變」得到了空前發展,單《歷代名畫記》就記載了維摩詰經變、地獄變、西方變(淨土變)、千缽文殊變、降魔變、涅槃變(滅度變相、八國王分舍利)、彌勒經變、本行經變、華嚴經變、金剛經變、金光明經變、法華經變、觀無量壽佛經變、閻羅王變、日藏月藏經變、業報差別變、十輪經變、藥師經變、十善十惡變等 19 種。當時的上都長安、東都洛陽,寺院很多,各寺皆有經變畫。武則天信佛,她又常去洛陽,因此當時的洛陽敬愛寺就有法華太子變、十六觀(觀無量壽佛經變)、閻羅王變、華嚴變、西方(變)、彌勒變、日藏月藏、業報差別變、十輪經變、西方變。畫聖吳道子在長安、洛陽都畫過寺院壁畫,計有地獄變、金剛經變、西方變、維摩變、彌勒下生變、日藏月藏經變、業報差別變等。

　　佛經有長短、繁簡之分,最長的經是玄奘譯的《大般若波羅蜜多經》,共 600 卷,而同為玄奘所譯的《般若波羅蜜多心經》(即人們非常熟悉的《心經》)僅 260 字。一般說來,凡長一點的佛經,都分卷,卷下還分「品」。佛經浩如煙海,據佛經繪製的畫亦多種多樣,應分門

1　陳明、施萍婷:《中國最早的無量壽經變》,《敦煌研究》2010 年第 1 期。

別類。上面羅列的畫史上的這變那變，是廣義上的經變。我們所說的敦煌壁畫中的「經變」，既有別於本生故事畫、佛傳故事畫、因緣故事畫，又有別於單身尊像，而專指將某一部佛經的幾個「品」，或幾部相關之佛經組成首尾完整、主次分明的大畫。畫史上所記的經變，早已不存，而莫高窟壁畫上卻留有「妙法蓮華經變」「東方藥師淨土變」「西方淨土變」等題記，是我們使用「經變」這一概念的依據。

二、有代表性的經變畫

在敦煌壁畫中，數量最多、內容最豐富、延續時間最長、藝術成就最輝煌的是「經變畫」。按我們的概念，敦煌莫高窟共有「經變」33種，詳情請見附表。限於篇幅，這裡介紹最有代表性的幾種：

1. 福田經變

始於北周，終於隋。這「曇花一現」，也是莫高窟壁畫中僅有的一例。它也是敦煌第一種經變畫，繪於莫高窟第296窟（北周）和第302窟（隋）。由於是初創，在形式上與當時的本生故事畫、因緣故事畫沒有區別，即「橫捲式」，而且與它們畫在一起。但這並不影響它在敦煌經變畫上的代表性。

福田經變的經文依據是西晉沙門法立、法矩共譯的《佛說諸德福田經》。經文不長，大意為：帝釋天（佛教三十三天之主）問佛：有人想「種德求福」，有沒有種下「頭髮絲」那麼一點「德本」而獲無量「福田」的？釋迦沒有正面回答，而說了兩種情況能得「福田」：一個是出家，另一個是「復有七法廣施，名曰福田。行者得福，即生梵天。何謂為七？一者，興立佛圖、僧房、堂閣；二者，園、果、浴池，樹木清涼；三者，常施醫藥，療救眾病；四者，作堅牢船，濟度人民；五

者，安設橋樑，過度羸弱；六者，近道作井，渴乏得飲；七者，造作
圊廁，施便利處。是為七事，得梵天福」，也就是做七種善事。福田經
變畫的就是人們在做這七種善事，因而生活氣息極濃。如工人和泥、
送料、砌磚，正在修「浮圖」（即塔）；佛堂東西兩面各有一身畫工正
揮筆作畫；一座果園，三人在樹下休息；有一病人，由二人扶坐，另
一人給他餵藥；一輛駱駝車，駱駝已經卸下車，正伏臥在井旁等待飲
水，二人正在打水，井旁有一水槽，驢、馬在飲水，其後有一駱駝病
臥地上，一人掰開駱駝的嘴，另一人正往駱駝嘴裡灌藥，十分生動。
敦煌 45000 平方米壁畫中，「給駱駝灌藥」只此一幅！至於「安設橋
樑，過度羸弱」，在該經變中占的面積最大，橋上有驢馱著貨物匆匆通
過，兩邊是等著過橋的人騎或馱著貨物的驢、騾、駱駝，這不是「過
度羸弱」，正是絲綢之路上過往行人的真實寫照。（圖 1）[2]

▲ 圖 1　福田經變　第 296 窟北周

2.維摩詰經變

　　《維摩詰經》現存有三種譯本，最流行的是後秦鳩摩羅什譯本。

2　關於福田經變的論文有：史葦湘《敦煌莫高窟中的「福田經變」壁畫》，《文物》
　　1980 年第 9 期。史葦湘：《福田經變簡論》，《向達先生紀念文集》，新疆人民出版社
　　1986 年版。孫修身：《敦煌莫高窟 296 窟「佛說諸德福田經變」研究》，《北朝研究》
　　1991 年第 1 期。

《維摩詰經》三種本子都是 14 品。《維摩詰經》中的主角是維摩居士。按照佛家的説法，他曾經是「佛」，名「金粟如來」，為了教化人們，他又來到釋迦牟尼佛的娑婆世界。他家產萬貫，風流倜儻，「辯才無礙」，「善於智度」，他的這些特點很受魏晉名士高僧們的讚賞。東晉畫家顧愷之曾畫《維摩詰像》，還留下一段千古佳話：哀帝（362—365）時瓦棺寺初建，僧眾設會，請朝臣賢士註疏（在化緣簿上寫明）捐錢。當時，士大夫沒有超過十萬的。

顧愷之注了百萬。愷之素貧，眾人都認為他是在説大話。寺眾請他「勾疏」（即交錢以後再將自己名下所注的錢數勾掉），他讓他們準備一堵牆壁，把自己關了一個多月，畫了一幅《維摩詰》，「點睛」之前，他告訴寺僧：「第一日觀者請施十萬，第二日可五萬，第三日可任例責施。」據説，等他把門打開，「光照一寺，施者填咽，俄而得百萬錢」[3]。

敦煌的維摩詰經變始於隋而終於宋，有 73 鋪，全經 14 品中，有13 品見於敦煌壁畫（最後一品「囑累品」未見）。隋代的維摩詰經變共11 鋪（「鋪」是佛畫的量詞，造像題記上往往寫著造什麼佛「一鋪」，也可以稱「幅」），多數畫於佛龕的兩邊，畫面較小，內容也只有佛國品、文殊師利問疾品、香積佛品等少數幾品。維摩詰經變從一開始就以《文殊師利問疾品》為中心，這是畫家或畫工們對佛經爛熟於胸的絕妙設計。這種以文殊、維摩「坐而論道」為中心的構圖理念，一直貫穿到宋代。《文殊師利問疾品》的大意是：維摩詰「表示」有病，釋迦牟尼派弟子去慰問，十大弟子派了個遍，派誰誰不去，而且都有不去的理由。五百人中，沒有一個敢去的。佛派文殊師利菩薩前去「問

3　張彥遠：《歷代名畫記》卷五。

疾」，文殊答應了。於是乎八千菩薩、五百聲聞、百千人天（「天」是指天神）全去聽他們説法。隋代是維摩詰經變草創時期，畫面簡單：龕外一側，畫一殿堂，內有維摩詰，手持麈尾，與對面的文殊「坐而論道」，周圍坐著聽法的人；龕外另一側，與維摩相對，也畫一殿堂，內坐文殊師利菩薩，周圍也坐著一些聽法的人。屬於這種形式的洞窟有5個。另外還有隔龕對站式、同殿對坐式、隔彌勒經變對坐式、隔阿修羅對坐式。形式雖有不同，內容卻都是表示文殊、維摩相對論道。

　　唐前期的中國，政治、經濟、文化都是世界之最。說到敦煌經變畫，我總是感到有一種莫名的神奇力量使其一夜之間「春色滿園」。其中的維摩詰經變，於哲理，則珠玉紛陳；於常理，則妙趣橫生。莫高窟第220窟是一個有貞觀十六年（642）題記的代表窟，其中的維摩詰經變（圖2）又是代表中的「代表」。此畫畫於窟門兩側（即東壁），面積比隋代大了許多。畫面仍以《文殊師利問疾品》為中心。南側畫維摩詰在床帳內，頭束白綸巾，身穿鶴氅，右手執麈尾，憑幾而坐。他並沒有「清羸示疾」之容，而是神采飛揚，身體微微前傾，嘴微啟，一副與對面的文殊談興正濃的樣子。北側畫文殊師利菩薩，頭戴寶冠，身披天衣，項掛瓔珞，右手握如意，左手伸出食指和將指（今俗語叫中指）而上舉，在諸菩薩、大弟子及諸天人簇擁下，如眾星捧月，結跏趺坐在方床上，舉止莊嚴，神態自若。按經文，維摩詰本來就沒病，而是「其以方便，現身有疾」。文殊師利菩薩問他：「居士是疾，何所因起？」維摩詰説：「從痴有愛，則我病生。一切眾生病，是故我病；一切眾生得不病者，則我病滅。」以上問答，文字簡練，語言優美，思想深邃。

　　至於文殊師利菩薩手伸二指，這是《入不二法門品》的絕妙表示。維摩詰問大家：諸位，什麼是「菩薩入不二法門？各隨所樂説之」。有

法自在菩薩、德守菩薩等 30 位菩薩回答了什麼是「不二法門」。維摩詰都不滿意，於是轉問文殊「何等是菩薩入不二法門」？文殊師利説：「於一切法無言、無説、無示、無識，離諸問答，是為入不二法門。」接著，文殊師利對維摩詰説：我們都已各陳己見，該你説了。可是維摩詰「默然無言」。文殊師利十分感嘆地説：「善哉善哉！乃至無有文字、語言，是真入不二法門！」——這就是文殊師利菩薩伸二指的緣由！幾十個人的發言，一場關於什麼是「不二法門」的大討論，畫家用「伸二指」解決了，一切都在不言中！畫家這樣處理，既合乎佛教哲理，又巧妙地運用了藝術手段，何等的智慧！

▲ 圖 2　維摩詰經變　第 220 窟東壁　初唐

由《文殊師利問疾品》還帶出了其他各品：

（1）《不思議品》：為引人辯論，文殊師利他們來之前，維摩詰「以其神力空其室內」，唯留一床（古代的床，就是坐具）。人來了都站著。佛十大弟子之一的舍利弗見此室中沒有床座，心想：這麼多人坐哪裡？維摩詰知道他想什麼，就戲弄他：你是為求法而來，還是為床座而來？舍利弗説是為求法而來。維摩詰於是就以「求法」為題，發

了一大堆議論。然後大現「神通」，讓須彌燈王佛送來「三萬二千師（獅）子座」，飛到維摩詰的「方丈」之中。由於師子座「高廣嚴淨」，誰都因「見所未見」而驚嘆不已，而且誰也坐不上去。維摩詰讓眾人向須彌燈王頂禮，眾人便得坐於師子座。故事很好玩，而哲理卻是「大小無礙」或「芥子納須彌」「須彌入芥子」之意。此品畫面，置於維摩詰床座的上方，畫面不大。這一品，佛經簡稱為「借座燈王」。在莫高窟，「借座燈王」畫得最好的是敦煌大姓李氏所修的第332窟，「床座」乘彩云飛來，滿壁風動，氣勢磅礴。

（2）《觀眾生品》，人們稱之為「天女散花」。正當文殊、維摩在辨析「云何觀於眾生」的時候，有一天女「現身」，以天花散在菩薩、弟子的身上。飄到菩薩身上的鮮花，不著身而落地；飄到弟子身上的鮮花，黏在身上，即使「用神力」也抖不掉，十分尷尬。接下來的經文十分通俗：「天問舍利弗：何故去花？舍利弗言：此花不如法，是以去之。」但是，這「天女散花」的哲理卻很深奧：天女説：「勿謂此花為不如法，所以者何？是花無所分別，仁者自生分別想耳！」什麼意思？僧肇有一註解：「花豈有心落與不落？分別之想出自仁者。」「如法不如法，在心不在花。」按經文，「結習未盡，花著身耳；結習盡者，花不著也」。什麼叫「結習未盡」？「結」就是煩惱；「習」就是習氣。按我這大俗人的理解：佛教不是講究「六根清淨」嗎？「結習未盡」就是六根還不清淨。第220窟畫有此品，但「天女散花」畫得最好的是第334窟龕頂，畫面為：維摩方丈前有一位天女，頭戴步搖、花釵，身穿　衣（古代婦女的上等長袍），神態飄逸；她左手揮扇，右手散花，於是天花亂墜（圖3）。全畫十分精美，實乃同類題材中的佳作。

▲ 圖3　天女　第334窟　初唐

　　（3）《香積佛品》。經中說：眼看吃飯的時間到了，舍利弗心想，我們可以要飯（去討飯），菩薩們吃什麼呢？維摩詰知道舍利弗心之所想，說：「想吃飯嗎？請稍等。」於是他「化出」一位菩薩，讓其到眾香國的香積佛那裡去「請飯」，就說把你們「所食之餘」拿到娑婆世界去「施作佛事」，「使此樂小法者得弘大道」。於是香積如來用香鉢盛滿香飯，給了「化菩薩」。化菩薩捧一鉢飯回來，有人認為不夠吃，化菩

薩説：「四海有竭，此飯無盡。」第 220 窟此品很簡單，只畫「化菩薩」飛去，而第 332 窟則不僅畫了「化菩薩」捧著飯回來向維摩詰稟報，還畫了她將小缽往外倒飯，缽未倒完，飯已成山。菩薩體態婀娜，乃初唐傑作。

　　第 220 窟維摩詰經變還有三個畫面不能不談：一是維摩詰「手接大千」，即《見阿閦佛品》：佛告訴舍利弗，維摩詰是從妙喜國來的一位菩薩，其國也是「極樂世界」。於是，維摩詰就伸手把「妙喜國」接來了。畫面為：一朵祥云徐徐降落在維摩的手心，云中有須彌山，有天宮，有大千世界。「手接大千」畫得最好的是晚唐時的第 9 窟。二是維摩方丈以下的「大王小王問疾圖」，出自《方便品》。三是文殊菩薩以下的「漢族皇帝問疾圖」，我們習慣稱之為《帝王圖》，也出自《方便品》。其實兩幅畫所依據的佛經只有一句話：「以其疾故，國王、大臣、長者、居士、婆羅門等，及諸王子並余官屬無數千人皆往問疾。」但是，從藝術上講，第 220 窟的《帝王圖》是可以與閻立本的《帝王圖》相媲美的稀世珍品。[4]

3. 彌勒經變

　　也是始於隋而終於宋，有 100 多鋪。彌勒經有《上生經》（全稱《佛説觀彌勒上生兜率天經》）和《下生經》（全稱《佛説彌勒下生成佛經》）。其中《下生經》有五種譯本，最流行的是鳩摩羅什本。

　　彌勒上生經變流行於隋代。佛經比較簡單，説的是：彌勒菩薩命終後生兜率天，天上五百億天子都為彌勒造宮殿，有的大神為彌勒造「善法堂」。宮殿無媲美妙，「天樂不鼓自鳴」，「諸天女競起歌舞」，「若

4　關於維摩詰經變的論文較多，調查較完整的是賀世哲《敦煌莫高窟壁畫中的「維摩詰經變」》，《敦煌研究》試刊第 2 期，1982 年。修訂本《敦煌壁畫中的維摩詰經變》，載敦煌研究院編《敦煌研究文集》「敦煌石窟經變篇」，甘肅民族出版社 2000 年版。

有往生兜率天上,自然得此天女侍御」,誰想做彌勒的弟子,只要修善、持戒,或「造立形象」,彌勒就會來迎接此人。據經而繪製的壁畫,最有代表性的是第 423 窟:一座大殿,兩邊各有一座三層的側殿,大殿內彌勒菩薩交腳而坐,四菩薩侍立兩旁,側殿內天王守衛、天女歌舞。殿外兩邊,上有飛天散花,下有眾多供養菩薩雙手捧物,畢恭畢敬站立聽法。主畫而外,一邊畫彌勒接受供養,一邊畫彌勒為信仰者「摩頂授記」。

莫高窟有兩尊大像,一尊高 34 米(第 96 窟),始建於 690 年;一尊高 26 米(第 130 窟),始建於開元九年(721),據文獻記載都是彌勒佛。這是唐代敦煌佛教彌勒信仰的標誌。在論述唐代彌勒經變之前,這是必須要交代的。

從唐代開始,彌勒經變就成了「上生」「下生」結合的經變。《彌勒下生經》的大意是:舍利弗問釋迦佛:彌勒下生作佛,其功德、神力、國土如何?眾生如何才能見彌勒佛?釋迦的回答是這樣:那時的人間世界,地廣無邊,城邑鱗次櫛比;有一「翅頭末」城,福德之人居住其中,有大力龍王,常半夜降細雨灑掃;大街小巷,處處有「明珠柱」,家家戶戶不用點燈;所有房屋純以金沙鋪地;「若有便利不淨,地裂受之,受已還合」;時世安樂,「無有怨賊劫竊之患」;人們視金錢如糞土,夜不閉戶;風調雨順,莊稼一種七收。人的壽命八萬四千歲,女人五百歲出嫁;人在將死之時,「自然行詣冢間而死」。此時,其國有轉輪王,名曰儴佉。王有七寶:金輪寶、象寶、馬寶、珠寶、女寶、主藏寶、主兵寶。又其國土有七寶台,儴佉王率諸大臣,持此寶台奉上彌勒。彌勒將此寶台施給婆羅門。婆羅門立即將其拆掉、分掉。彌勒見此七寶台須臾無常,悟出一切法也是如此,因此出家學道,坐於龍華樹下「修無常想」,當天就得成佛。儴佉王與八萬四

千大臣亦出家學道。儴佉王寶女，與八萬四千采女也一起出家。於是無量千萬億人，皆於彌勒佛法中出家。彌勒佛不失時機地為他們說法。三次大會說法，幾百億人得阿羅漢（僅次於佛的「果位」）。故事的最後，彌勒佛與四眾一起前往耆崛山，於山頂上見大迦葉（釋迦佛的十大弟子之一），迦葉將釋迦的袈裟傳授給彌勒，是為「衣鉢相傳」。

唐代的彌勒經變，最有代表性的有二窟：一是盛唐的第 445 窟；一是吐蕃占領敦煌前修的第 148 窟。第 445 窟北壁的彌勒經變為通壁大畫（即該窟的一面牆壁只畫一幅畫），雖過去被煙熏過，仍有一些畫面是莫高窟僅有的佳品：（1）描述彌勒世界「一種七收」的「耕穫圖」，其中有一農夫用「曲轅犁」耕地，這種犁，在當時的中原地區都是最先進的農具。中國歷史博物館曾據此圖復原了一張「曲轅犁」，以作展品。（2）攘佉王獻給彌勒的「七寶台」，底部有四個　轆，其上為兩層樓閣。就是在今天，它也是先進的「移動式」建築（彩車）！更值得一提的是：為了說明婆羅門「拆台」，畫面表現為婆羅門已經拆去椽望，正往地面上傳遞構件，而露出來的梁架，向觀者展示了當年的房頂結構，為今天的建築師們留下了 1300 多年以前的結構圖。（3）攘佉王出家、攘佉王寶女出家圖，我們稱之為「男剃度」「女剃度」，場景生動，人物描繪細膩，尤其是「女剃度」，描繪了一群年輕宮廷女性正在剃度、等待剃度時五味雜陳的心情。（4）彌勒世界「女人五百歲出嫁」，用了很大的場面，畫了一幅《婚禮圖》。此圖的特點，其一是印證了唐段成式《酉陽雜俎》引南陳江德藻《聘北道記》：「北方婚禮必用青布幔為屋，謂之青廬。於此交拜，迎新婦。」畫面與記載完全吻合：一座豪宅外面的東北角，搭建了青廬，內坐宴飲的客人；豪宅與青廬的前面，用屏風圍成一個院子，婚禮正在舉行。其二是院子一側，坐著樂手，中間有一人正在跳舞，據舞蹈專家研究，這是唐代有

名的俗舞一六幺舞。至於第 148 窟的彌勒經變，其特點有：一是色彩如新；二是「上生」部分畫了一座規模宏大的「兜率陀天宮」（其題記至今清晰可見），天宮內寶樹星羅棋佈，樓台亭閣不計其數，彌勒菩薩正在說法；三是婚禮中多了「奠雁」之儀；四是「莊稼一種七收」的場面很大，一片繁忙景象。[5]

4. 藥師經變

《藥師經》有四個譯本：東晉帛尸梨蜜多羅譯本，隋達摩笈多譯本，唐玄奘譯本，唐義淨譯本。帛尸梨蜜多羅譯本不叫「藥師經」，而叫《佛說灌頂拔除過罪生死得度經》（該經的最後也說此經可以稱作《藥師琉璃光佛本願功德經》），後來的幾種譯本都叫《藥師經》，但其內容都不出東晉本的範圍。佛經大意為：東方有佛，名曰藥師琉璃光如來，（唐梁肅有一個很好的解釋：「藥師者，大醫之號；琉璃者，大明之道。」）此藥師琉璃光修行菩薩道時，發十二大願，要使一切眾生「所求皆得」。如：眾生無有生死；所有疾病都能痊癒──盲者使視，聾者能聽，啞者得語，傴者能伸，跛者能行；若有眾生為王法所加，臨當刑戮，悉令解脫；所有眾生，要衣服有衣服，要珍寶有珍寶，倉庫盈溢，無所缺少，乃至無有一人受苦，等等。但是，人世間只有痛苦：「一者橫病；二者橫有口舌；三者橫遭縣官；四者身羸無福……五者橫為劫賊所剝；六者橫為水火災漂；七者橫為雜類禽獸所噉；八者橫為怨仇、符書、厭禱，邪神牽引……九者有病不治，又不修福……

5　彌勒經變的研究論文很多，對敦煌彌勒經變調查較詳細的有：1.李永寧、蔡偉堂：《敦煌壁畫中的「彌勒經變」》，敦煌研究院編《1987 年敦煌石窟研究國際討論會文集·石窟考古編》，遼寧美術出版社 1990 年版；2.王惠民：《隋至唐前期敦煌彌勒圖像考察》，敦煌研究院編《2000 年敦煌學國際學術討論會文集·石窟考古編》，甘肅民族出版社 2003 年版。

殺豬、狗、牛、羊，愚痴迷惑，信邪倒見，死入地獄，輾轉其中，無解脫時。」這叫「九橫死」。

對比確實非常鮮明：現實世界苦難重重，而藥師如來的「佛國」卻與「西方極樂世界」無異。按照《藥師經》的說法，要想擺脫苦難，有多種辦法，我歸納為如下幾種：一是「吃齋」，常修「月六齋，年三長齋」。二是發心造立藥師琉璃光如來像，供養禮拜藥師琉璃光佛，「求長壽得長壽，求富饒得富饒，求男女得男女，求官位得官位」。三是掛幡、燃燈、放生：掛四十九尺五色神幡；燃七層之燈，一層七燈，燈如車輪；放生至四十九，「可得過度危厄之難，不為諸橫惡鬼所持」。四是壽命臨終之日，得聞「藥師琉璃光佛本願功德者」，命終之後皆得上生天上。按照佛經的說法，這一切都還有保證：有名有姓的八大菩薩會來迎接，十二神王會來保護。

敦煌莫高窟的藥師經變也是始於隋而終於宋。隋代的代表作有第433窟（見圖4）。由於是該經變的萌發期，所畫的內容僅為：正中一佛二菩薩，表明藥師佛正在說法。說法圖的兩側是「燈輪」。這一「新生事物」很有創造性，一直被後代所沿用：高高的一根立軸，有如車轂，七層輻輳（實際上畫了九層）成就七層燈輪，從下往上依次縮小，成寶塔狀；中軸的頂端有十字形構件，掛著神幡。燈輪是可以旋轉的，即使在今天它也是先進的燈具。燈輪的兩邊是「十二神王」，一邊六位。經變的四周是飛天、花雨，輕盈飄逸。從色彩上看，雖然人物的膚色已變，看不清眉目，但姿態猶存，或莊嚴，或婀娜，或威武，或精靈。從變色後的效果看，黑而不烏、白而不亮、紅而不豔，十分協調。更有那永不變色的石青，青而不翠，為全畫提神，吸引著觀者駐足。

▲ 圖 4　藥師經變　第 433 窟隋

　　貞觀十六年（642）繪於第 220 窟北壁的通壁大畫藥師經變是唯一以「藥師七佛」並列為主尊的藥師經變。此畫正中下部寫有題記，1961年我們初到敦煌時還能看清「貞觀十六年歲次壬寅奉為天云／寺律師道弘法師」等字。其依據的佛經是隋達摩笈多譯的《佛說藥師如來本願經》。第 220 窟是有名的「翟家窟」，我估計：之所以畫七身藥師如來，與當年他家有人患重病有關。達摩笈多譯《藥師經》有云：「若有患人欲脫重病，當為此人七日七夜受八分齋，……四十九遍讀誦此經，然（燃）四十九燈，應造七軀彼如來像……當造五色彩幡長四十九尺。」經文的最後，有十二藥叉大將的表態：「我等眷屬衛護是人，皆使解脫一切苦難，諸有所求，悉令滿足。」壁畫完全依據此經而畫：七身立佛，各有二菩薩為脅侍；立佛兩邊是十二藥叉大將；七佛的頭頂是七具各不相同的美麗的華蓋；天空中長幡與彩云共舞，氣勢非凡。畫面的下部（即七佛的前方）是：燈台、燈架在正中，兩具燈輪分左右，燈台七層，燈輪四層；燈台上無數盞燈已被點燃，而燈輪前

兩位菩薩正往燈盞裡加油，然後往燈輪上放，畫得具體而微——施主的意圖要強調燃燈。佛前的場地上還有大型樂隊伴奏下的兩對「雙人舞」——敦煌壁畫中獨一無二的「胡旋舞」「胡騰舞」。可以毫不誇張地說：這鋪藥師經變處處是精華！唐貞觀年間的藝術品，天下無雙！

盛唐的藥師經變，首推第 148 窟：畫面大，保存完好，構圖全新。兩邊是「條屏」式，一邊畫「十二大願」，一邊畫「九橫死」，中間是大型的藥師如來說法場面及天上人間的美景：天空中飛舞著各種「不鼓自鳴」的樂器；建築分前後院，用一條長廊將其分開：後院多為樓台亭閣，前院全是水上建築，各式各樣的水上平台用橋廊相連。藥師如來居正中，日光、月光二大菩薩脅侍左右，無數菩薩圍繞聽法，供養菩薩捧著供品隨時伺候；佛的前方，舞伎正在翩翩起舞，有龐大的樂隊為之伴奏；十二藥叉大將在最外邊的角落上守衛；與藥師佛鼎足而坐的另外二佛，也有菩薩圍繞、音樂協奏；長廊下，台階上，平台各處，菩薩們（現實生活中的美女的寫真）優哉游哉，閒庭信步，或正在交談，或傳遞供品……敦煌壁畫中有無數鋪西方淨土變為我們描繪著「極樂世界」，但沒有一鋪有著如此的人間氣息！

《藥師經》裡說的「九橫死」，就是現實社會中經常會遇到的九種「非正常死亡」。九種非命的次序、詳略，幾種譯本不盡相同，我以玄類的譯本為例，其所說的「九橫死」是：（1）有病得不到正確的救治；（2）「橫被王法之所誅戮」；（3）「耽淫嗜酒，放逸無度」；（4）被火燒死；（5）被水淹死；（6）被惡獸咬死；（7）掉下山崖摔死；（8）被毒藥、巫術害死；（9）餓死。第 148 窟的「九橫死」是第一次出現，從次序和榜題來看，依據的是玄類譯本。畫面在經變右側的條屏上，自上而下展開。其中的被火燒死、被水淹死、被惡獸咬死、掉下山崖摔死等，都是圖解式的，唯病死、「放逸無度」死，得略占篇幅，以求教於

學者專家。關於病死，玄類的經文最長，估計他是針對中國社會有所
發揮。經言「若諸有情，得病雖輕，然無醫藥及看病者；設復遇醫，
授以非藥，實不應死而便橫死。又信世間邪魔外道、妖孽之師妄說禍
福，便生恐動；心不自正，卜問覓禍；殺種種眾生，解奏神明；呼諸
魍魎，請乞福祐，欲冀延年，終不能得；愚痴迷惑，信邪倒見，遂令
橫死，入於地獄，無有出期。是名初橫」。玄類說的「初橫」，歸納起
來就是：一是缺醫少藥，二是「病篤亂投醫」。第 148 窟畫的「初橫」
（見圖 5）正是後者：矮床上坐著兩位瘦骨嶙峋的病人，他們的前方，

▲ 圖 5　初橫　第 148 窟盛唐

一位婦女正在招呼著什麼，其情景是：一個女人抱著琵琶，一個男人裸著上身在跳舞，地上擺著七坨褐色的什麼東西，其中四坨上插著小旗子一樣的東西。類似的場景一直為後代所沿用。我一直認為這一場景可能是「跳大神」一類的「巫醫」。由於才疏學淺，多年留心而未能解決。至於「放逸無度」死，畫面為：一張矮床上，坐著一個骨瘦如柴的男人，嘴裡正往外噴東西（表示耽淫嗜酒，放逸無度），床角邊一穿短褲的男人席地而坐，像是傭人看著主人而一籌莫展。[6]

5. 西方淨土變

西方淨土變是敦煌壁畫中數量最多的一種經變。它包括無量壽經變、阿彌陀經變、觀無量壽經變。因為這幾種經變所表現的都是「阿彌陀佛」的「功德莊嚴」，而阿彌陀佛「在西方」，故而統稱西方淨土變。現存大乘經論中，記載阿彌陀佛及其淨土之事的，有二百餘部，約占大乘經論的三分之一。西方淨土亦稱「極樂世界」。為什麼叫極樂？為什麼叫阿彌陀？白居易有「標準答案」：「我本師釋迦如來說言：從是西方，過十萬億佛土，有世界號極樂，以無八苦四惡道故也。其國號淨土，以無三毒五濁業故也。其佛號阿彌陀，以壽無量、願無量、功德相好光明無量故也。」對阿彌陀佛的信仰，是中國佛教對世界三大宗教之一的佛教發展史的貢獻。

（1）無量壽經變。

《無量壽經》是淨土群經之首。梅光羲先生曾說：「無量壽經者……淨土群經百數十部之綱要，一大藏教之指歸也……東來最早，譯本獨多。」它是學術界公認的淨土教的根本佛典。最早的有關阿彌陀

6　藥師經變研究論文較多，對敦煌藥師經變調查較詳細的有：1.羅華慶：《敦煌壁畫中的「東方藥師淨土變」》，《敦煌研究》1989 年第 2 期；2.王惠民：《隋至唐前期敦煌藥師圖像考察》，《藝術史研究》總第 2 期，2000 年。

佛的經典叫《佛說無量清淨平等覺經》，四卷，後漢支婁迦讖譯於
147—186 年之間。所謂「譯本獨多」是指此經前後有 12 次翻譯，至今
尚存五譯，因此佛教史上有「五存七欠」之說。其中最流行的是曹魏
康僧鎧譯於 252 年的《佛說無量壽經》。據我們考證，東晉名士、高僧
支道林「乃因匠人圖立神表」的「神表」應是中國最早的無量壽經變。
原畫早已不存，但他的《阿彌陀佛像贊並序》還在，「佛號阿彌陀，晉
言無量壽」（支道林語），「像贊」描寫的正是我們後人熟悉的西方淨土
變，也可直接稱之為無量壽經變。[7]

　　《無量壽經》的大意為：「世自在王佛」的時候，有一個國王「棄
國捐王」而出家當和尚，法號「法藏」。法藏比丘在「世自在王佛」前
發了 48 個大願，如願不成，誓不成佛。經過多少「兆」年的修行，終
於修成了「西方淨土」而成佛，佛號「無量壽」，其世界名曰「安樂」。
在這極樂世界裡，講堂、精舍、宮殿、樓觀，「皆七寶莊嚴自然化
成」。所謂七寶就是：金、銀、琉璃、珊瑚、琥珀、硨磲、瑪瑙。樹也
是七寶樹，池也是七寶池。更有奇者，極樂世界的浴池，比今天都先
進。首先是水，用的是「八功德水」—①澄淨；②清冷；③甘美；④
輕軟；⑤潤澤；⑥安和；⑦除飢渴；⑧長養諸根（保養身體各種器
官）。又，這水還是自來水，「若入寶池，意欲令水沒足，水即沒足；
欲令至膝，即至於膝；欲令至腰，水即至腰；欲令至頸，水即至頸；
欲令灌身，自然灌身；欲令還復，水輒還復」。這水還能「調和冷暖，
自然隨意」。「極樂國」的人吃飯怎麼辦？很簡單：「若欲食時，七寶缽
器自然在前」，「百味飲食，自然盈滿」。穿衣怎麼辦？「眾寶妙衣，遍
佈其地。」住房怎麼辦？「所居舍宅、宮殿、樓閣，稱其形色，高下大

7　施萍婷：《中國最早的無量壽經變——讀支道林〈阿彌陀佛像贊並序〉有感》，《敦煌
　　研究》2010 年第 1 期。

小……隨意所欲，應念即至。」按佛教的説法，離開現實世界到阿彌陀佛的極樂世界去，謂之「往生」。極樂世界如此美妙，誰都能去嗎？除兩種人──犯五逆罪、謗佛法罪者，其餘的人都能「往生」。如何「往生」？分為上、中、下三輩：上輩往生者，其人臨終時無量壽佛來迎，「便於七寶花中自然化生」；中輩往生者，無量壽佛的「化身」來迎；下輩往生者，夢見無量壽佛來迎。

敦煌莫高窟的無量壽經變，始於初唐而終於西夏。在敦煌藝術中，第 220 窟的整窟壁畫都是空前絕後的佳作。南壁的通壁大畫無量壽經變，是敦煌全部無量壽經變的代表作。整個畫面是一幅「極樂世界」種種莊嚴圖：

畫面的上部，正中為「七寶講堂」及主尊的華蓋；兩邊共有十組一佛二菩薩從別處飛來，表示十方世界諸佛派遣菩薩前來讚歎「安樂國」的種種莊嚴；各種飛舞著的樂器，表示「十方世界音聲之中最為第一」的萬種伎樂；寶幢四台，表示「繒蓋幢旛」，莊嚴之具；精緻的房屋兩座，表示無量壽佛國的天人所居住的舍宅、宮殿、樓閣，「隨意所欲，應念即至」。

阿彌陀佛説法，是此畫的重點。全部人物都活動於碧波蕩漾的七寶池中：無量壽佛居中，兩手於胸前結轉法輪印，坐於七寶蓮座上；兩脅侍菩薩立於佛左右；又有兩上座菩薩分左右坐於蓮座上。一佛、二脅侍、二上座是主要人物，其蓮座、蓮花都與眾不同，華麗無比。寶池中，上座周圍，還有 33 位菩薩，他們或捧盤做供養狀，或雙手合十，或坐或跪，服飾不同，髮式各異。其中，有兩位菩薩手撫欄杆，身體稍稍前傾，似在俯視寶地上的舞樂情景。仔細讀畫就會發現她們站在「八功德水」中。這是表現「菩薩入寶浴池」。《無量壽經》用 300字描寫這寶浴池，是佛國「種種莊嚴」之一。還有兩件供器，器形很

美，充分反映出唐代宮廷使用的錯金銀器皿的水平。它表示的是「七寶缽器自然在前」，「百味飲食自然盈滿」。

七寶池中最有生氣、最惹人喜愛的是「化生童子」。寶池下部正中，有一根蓮花的主莖，首先出現一位菩薩，面朝佛而背朝觀眾跪於蓮花上，表示上輩往生者「立即見佛聞法」。然後，從蓮花主莖派生出九朵含苞待放的蓮花，它朵朵透明，能看見裡面的化生童子或坐或立，有一個甚至在「拿大頂」！這是唐代雜技方面的資料！此畫的作者似乎特別喜歡兒童：蓮苞外，左右對稱，畫了兩對「疊羅漢」的化生童子，兩人穿紅衣綠褲，一人穿「背帶褲」，一人僅穿「裹肚」，為我們留下了唐代兒童服飾的寶貴資料。

畫面的下部，靠近寶池的甬道上，站著孔雀、共命鳥、仙鶴；下部為樂舞：二人各在圓毯上起舞，兩邊共有 16 人的樂隊為之伴奏。這一組畫面，是依據無量壽經系的《佛說阿彌陀三耶三佛薩樓佛檀過度人道經》和《佛說無量清淨平等覺經》畫的。二經都說：佛問阿難，你想不想見阿彌陀佛、諸菩薩及其所居的國土？阿難當然願意。此時，一切奇蹟都出現了：盲者得見、聾者得聽、啞者能語……因而「鐘磬琴瑟箜篌樂器諸伎，不鼓皆自作五音聲，婦女珠環皆自作聲，百鳥畜狩皆自悲鳴。當是時……諸天各共大作萬種自然伎樂，樂諸佛及諸菩薩阿羅漢」。

第 321 窟北壁的無量壽經變，也是通壁大畫，第 220 窟加上此窟，無量壽佛國的種種莊嚴，於茲完備。有幾點尤應加以介紹：

一是此畫用三分之一的畫面描繪極樂淨土的「功德莊嚴」：湛藍的天空，畫了十身飛天，35 件拴著飄帶的樂器，每件樂器乃至最小的鼗鼓都畫有各式圖案，日本正倉院珍藏的唐代琵琶，與此窟之琵琶儼如同出一轍。四組飛來之「一佛二菩薩」一座天宮（正中），一座宮殿（畫

面左側），一座樓閣（右側），兩台圓形寶幢。阿彌陀佛講經時，十方佛國的菩薩從四面八方飛來聽法，「一切諸天皆齎天上百千花香、萬種伎樂，供養其佛及諸菩薩聲聞之眾，普散花香，奏諸音樂。前後來往更相開避。當斯之時，熙然快樂，不可勝言」。這就是人見人愛的壁畫中滿天飛舞的飛天、樂器以及大型的音樂舞蹈。其佛經依據，最早就出自東漢支婁迦讖譯的《無量清淨平等覺經》（也就是《無量壽經》的第一譯）。此經用將近 1500 字描寫菩薩散花。此畫十身飛天中，有四身雙手捧大花盤的飛天，有的已經散完，有的只剩幾朵。

二是「說法圖」不再在七寶池中，而是在水上平台之上。「水上平台」這一建築形式一經出現，歷代沿用，並發展成二進、三進。

三是七寶池水與藍天相接，池水已成為建築物之間的「溪流」。水從天上奔流而下，捲起大浪，從大浪到小浪，到微波漣漪，任鴛鴦戲水，蓮花盛開……從伯希和《敦煌圖錄》還可以看出池中有九朵蓮花，有全開，上坐一位有圓光的菩薩；有半開；有未開。這表示「三輩往生」。

四是畫面下部有一群衣冠服飾已經漫漶不清的人，其中有六人舉著六具長幡，分立左右兩邊。這是依據支婁迦讖、支謙的譯本而繪製的。說的是阿 世太子與五百長者子（畫中用六人代表五百）各持一柄金華蓋奉獻給佛，前來聽經。當聽到「二十四願」以後，他們也立願如阿彌陀佛。這種表現方法，僅此一例。這六具「幡蓋」，進一步幫我們解決了它應是無量壽經變的定名問題。

五是全畫共有 33 枝花柱（或應叫花樹），這應是「七寶樹」。《無量壽經》用了 390 個字描寫 13 種七寶樹，不同的樹，不同的葉、花、果。經上說的都是不可思議的樹，也就給畫家留下了廣闊的創作天地。因此，畫這些花柱沒有一定之規，信手拈來就是一朵，只是顏色

搭配須得講究，若干朵花疊在一起就是一株花樹。此後的初唐淨土變中多有此花樹，似乎成了當年的時尚。

（2）阿彌陀經變。

《阿彌陀經》共有二譯：二譯皆存，即鳩摩羅什譯於 402 年的《佛說阿彌陀經》和玄類譯於 650 年的《稱讚淨土佛攝受經》。從敦煌遺書來看，僅據《敦煌遺書總目索引》的統計，《阿彌陀經》有 133 件，而《稱讚淨土佛攝受經》只有 2 件，由此可見敦煌流行的是鳩摩羅什譯本。不僅如此，據我考察，敦煌壁畫中的阿彌陀經變也是據鳩摩羅什譯本繪製的。因為從內容上說，兩個本子最大的不同就是：鳩摩羅什譯本說到「鳥宣道法」時，鳥有白鶴、孔雀、鸚鵡、舍利、迦陵頻伽、共命之鳥，而玄類譯本則為鵝、雁、鴛鷺、鴻鶴、孔雀、鸚鵡、羯羅頻迦、命命鳥。鵝、雁，是最大的不同。

一般的佛經，都是眾弟子請佛說法，佛才說了某經，唯獨這《阿彌陀經》沒有人請求而釋迦牟尼主動說。這一「無問自說」，在佛家看來，是一大事。隋智顗曾說：「余經皆有請主，此經無問自說。」宋戒珠甚至把此舉比做母親撫育嬰兒。經文內容可概括為兩部分：一部分是「極樂世界」的「功德莊嚴」。具體而言，一者「國土莊嚴」，指極樂世界山河草木之華麗；二者「佛莊嚴」「菩薩莊嚴」，指佛、菩薩的身相莊嚴，色相美好等等。另一部分是「六方護念」。所謂「六方護念」，是指東、南、西、北、上、下六個方面的無數佛都來讚歎阿彌陀佛，證明阿彌陀佛說法的真實不虛。從整鋪畫來看，描繪的主要是「極樂國土」的無媲美妙。至於佛的莊重，菩薩的婀娜多姿，也可以理解為佛、菩薩的「莊嚴」，但藝術的成分多於佛教的哲理，也是顯而易見的。

第 329 窟南壁畫通壁大畫阿彌陀經變。在廣闊的水域上，有兩進

水上建築：第一進為三座平台並列，主尊及脅侍菩薩、供養菩薩居中間平台，左右兩座平台為觀世音菩薩、大勢至菩薩及諸菩薩，三座平台之間有橋相連；第二進也有三座平台，中間平台之上為二座巍峨的樓閣及一座大殿，左右平台各一座樓閣及一株「七重行樹」。這就是《阿彌陀經》所說「極樂國土」的「功德莊嚴」。此圖的右上角這棵大樹，由於其他顏色變黑而僅存石綠，恰好成了「七重」分明。不過，需要說明的是，「七重行樹」的圖像，從一開始就受到《無量壽經》的影響：《無量壽經》上說，「風吹寶樹，演出法音，遍佈諸佛國」。樹上畫許多小樓閣，用以代表「諸佛國」。這一「風吹寶樹，演出法音，遍佈諸佛國」的場景，確實表現了畫家的想像力。

全圖的上部是天空。由於空間留得太少，再加上變色，很容易被忽略。其實天空中有飛天、各種樂器，這就是智顗所歸納的淨土莊嚴之二：「天花、天樂映顯妝飾。」

此圖現存畫面最清楚的是水。平台之間，綠水環繞，微波蕩漾，隨處有鴛鴦戲水，佛的左右下方還有迦陵頻伽各一。這是功德莊嚴之三：即「鳥宣道品」。《阿彌陀經》云：「彼國常有種種奇妙雜色之鳥，白鶴、孔雀、鸚鵡、舍利、迦陵頻伽、共命之鳥……是諸眾鳥皆是阿彌陀佛欲令法音宣流，變化所作。」

畫面的最下部是：正中為舞樂，左右各一佛、一樓閣。下部二佛和上部左右二佛，應統一考慮為「六方護念」。

關於此畫，應特別指出的是：整幅畫是一個寬廣的水域，卻沒有一個「化生」。就在此窟西壁，龕外畫有四身非常可愛的兒童。之所以不畫，原因很簡單，施主要畫的就是阿彌陀經變。

盛唐時代的阿彌陀經變只有第 225 窟南壁龕頂一鋪。全圖都處於彩云之上，正中是「說法圖」：阿彌陀佛兩手作轉法輪印，觀音、大勢

至相對合掌對座，周圍有聽法菩薩。佛相莊嚴肅穆，菩薩形貌端莊嫻靜而妙好。天上「天花亂墜」；箜篌、腰鼓、雞婁鼓、古琴、排簫、琵琶等樂器迎風奏鳴；白鶴、孔雀、鸚鵡、迦陵頻伽全都展翅飛翔；三尊及眾多菩薩坐於珍珠鋪地的寶地上，其身後的大殿連接迴廊、樓閣；七寶池內蓮花盛開；七重行樹與七重羅網結合（七重羅網在說法圖前面，七重行樹在眾菩薩身後）。全畫色彩濃豔。

　　盛唐時代出現這一簡單明了的阿彌陀經變，很自然地讓我想起唐代高僧窺基，他是為鳩摩羅什譯《阿彌陀經》作註疏的第二人。他甚至作了一簡一繁兩種註疏，簡者一卷、繁者三卷，共32284言，是《阿彌陀經》的 17 倍多。窺基，字道洪，俗姓尉遲，出家前，原是將門之子──唐開國大將尉遲敬德的侄子，父親尉遲敬宗也是一員大將。他的出家，先被玄奘看上，後「奉敕為奘師弟子」，他的註疏無疑是很知名且在社會上有很大影響的。我想，莫高窟第 225 窟南壁龕頂的這幅阿彌陀經變，可以為窺基《阿彌陀經通贊疏》的社會影響作一佐證。他在「廣明淨土」時註疏：「文分為二，初明國土莊嚴，二辨佛身功德。初文分八：第一，樹飾四珍；第二，池嚴眾寶；第三，空盈天樂；第四，地布黃金；第五，花雨長天；第六，人遊諸國；第七，鳥吟妙法；第八，風吹樂音。」他說的「國土莊嚴」這八條，正是我們第 225 窟阿彌陀經變的寫照。[8]

　　（3）觀無量壽經變。

　　《觀無量壽經》簡稱《觀經》。其主要內容為：王舍城有一太子名阿闍世（意譯為「未生怨」），他聽從惡友調達的教唆，把父王頻婆娑羅禁閉於七重室內，任何人不能見。母后韋提希，淨身之後，以「酥蜜

8　施萍婷：《新定〈阿彌陀經變〉──莫高窟第 225 窟南壁龕頂壁畫重讀記》，《敦煌研究》2007 年第 4 期。

和」塗在身上，「瓔珞」當中灌滿葡萄漿，偷著送給國王，國王因而存活。國王請佛為他授戒。佛於是派弟子為王説法。國王因食秒、聞法，多日不死，最後修成了「阿那含」果。當阿闍世得知父王還活著，「即執利劍，欲害其母」。由於二位大臣的諫阻，太子雖未殺母，卻把母后韋提希也關了起來（這一部分内容與阿 世太子有關，就叫「未生怨」）。夫人向佛求救，佛的「眉間白毫」放光，讓韋提希看到了十方淨土。韋提希告訴佛，她只願生「極樂世界阿彌陀佛所」。佛告訴韋提希「如何觀於西方極樂世界」。這就是《觀經》的主要内容一十六觀：①日想觀；②水想觀；③地想觀；④樹想觀；⑤八功德水想觀；⑥總想觀（即寶樓觀）；⑦花座觀；⑧像想觀；⑨遍觀一切色身相觀；⑩觀世音菩薩觀；⑪大勢至菩薩觀；⑫普觀想；⑬雜想觀；⑭上品往生觀；⑮中品往生觀；⑯下品往生觀（⑭、⑮、⑯這三觀又叫「九品往生」，因為每一品又分為上、中、下，即上上、上中、上下；中上、中中、中下；下上、下中、下下）。每一觀應該怎麼「觀」，是什麼樣，經文都有詳細的説明。

敦煌莫高窟的觀無量壽經變，始於隋而終於宋。隋代僅有第 393 窟一鋪。初唐第 431 窟的觀無量壽經變是一鋪首尾完整、次序井然、忠實於經文、前無古人後無來者的孤例。畫面的内容，如我上面的簡介，而表現手法卻有多個「第一」：一者，王舍城的「圍牆」幾乎占了壁畫牆壁一堵牆的下部，圍牆套圍牆，大院套小院，氣勢宏偉；二者，國王被禁閉的「九重室」，小得只能一人容身；三者，佛給韋提希展示「十方佛國」，畫面上居然出現了十座指甲蓋大小的「大殿」，真正是「芥子納須彌」；四者，「九品往生」畫於九扇屏風，一品一扇，敦煌壁畫中的所謂「屏風畫」始於此窟；五者，在經變畫中，唯一的一次畫出「流通分」（一般佛經都可分成三部分：佛講經的時間、地

點、說經的因緣，也就是佛經的開頭，稱為「序分」；佛經的主要部分，稱為「正宗分」；結尾部分稱為「流通分」。一般的「流通分」都比較格式化，無非是聽經以後皆大歡喜，表示要依教奉行），經云：「韋提希與五百侍女聞佛所說，應時即見極樂世界廣長之相，得見佛身及二菩薩，心生歡喜……五百侍女發阿耨多羅三藐三菩提心，願生彼國，世尊悉記皆當往生。」畫面與佛經一致：韋提希夫人為首，五個（表示五百）侍女緊隨其後，她們的對面是高大的一佛二菩薩，她們的頭頂是滿天彩云，其上有一位坐蓮花台往生的婦女以及來迎接她的佛弟子。此窟的觀無量壽經變是橫捲式，上述「流通分」的畫面正是畫卷的最後。盛唐時代的莫高窟，受名僧善導的影響，觀無量壽經變狂熱地發展：一個洞窟畫二鋪者就有 5 例；而第 171 窟東、南、北三壁則全是大型觀無量壽經變；莫高窟的西方淨土變中，十有八九是觀無量壽經變。其中第 12、44、45、66、103、112、148、159、171、172、197、217、237、320 諸窟的觀經變都是代表作，且都是善導的影響所及之後的作品。《反彈琵琶舞》就出自觀無量壽經變。

初盛唐之交的第 217 窟，是敦煌莫高窟著名的代表洞窟之一。北壁的觀經變除下沿的畫面已經斑駁以外，余皆完好。中間是淨土莊嚴相（如按《觀經》原文，並沒有淨土莊嚴相，這一部分是受《無量壽經》的影響而加進去的）；左側條幅接下沿畫序分；右側條幅畫十六觀。從此以往，所有的觀經變都畫有淨土莊嚴相，且占據了全畫的中心，空間也大。此鋪觀經變中的「淨土莊嚴相」，堪稱燦爛輝煌。由於它作為觀經變的內容是首次出現，需作較詳盡的介紹。虛空中天樂迎風；飛天從樓閣的這邊飛進，從那邊飛出，輕如飛燕，開創了盛唐飛天的新貌。接著畫了宏偉的大型建築群：正中是一座兩層樓的大殿，佛殿兩側有迴廊曲曲折折，連向前方的左右大殿，正殿前方、左右，各有三

座高台。牆壁砌以花磚,廊柱漆成朱紅,至今彩色鮮豔。窗子上、廊柱間,掛著竹簾——有的上卷,有的下垂,使建築物驟添靜謐感。整群建築前是水池和水上平台,中軸線上有一座,左右又各有一座,平台間有小橋相連。水池中畫有「九品往生」,其中有四位坐在「台」上往生,其餘的則「坐蓮花而生」。如按經文,上品上生者坐「金剛台」、上品中生者坐「紫金台」、中品上生者坐「蓮花台」,畫四個台,純粹是為了對稱。通過善導宣傳「善惡凡夫,同沾九品」,唐人對「九品往生」是很熟悉、很計較的:一位姓高的禪師,誦《觀經》三十萬遍,每日「稱名唸佛」(即念「南無阿彌陀佛」)五萬次,臨終前,見「西方聖眾數若恆沙,見一人擎白銀台當窗而入」,禪師說,按我的功課,應當坐(紫)金台(指上品往生)。於是加油念佛,終於見到了紫金台來接他,這才「含笑而終」。看來,如果他見不到「紫金台來迎」的幻境,他將死不瞑目。

左側條幅「序分」的下半部分,畫阿闍世太子幽閉父王,它很特別:一座大城,城外的廣場上,十名武士分立兩邊,一邊持矛正在進攻,一邊持盾在抵抗;二大臣正在向騎在馬上的太子稟報;頭戴冕旒的國王及眾人像局外人一般,在最不顯眼的地方站立。這樣表現「禁父」的,只此一幅。有學者認為它形象地表現了某次宮廷政變,而日本有學者則認為此畫是唐「十部樂」之一的《秦王破陣樂》。總之,它是一幅名畫。

右側條幅畫十六觀。條幅式畫十六觀,這是第一次。共有十六個場景,說明「十六觀」齊備。每一觀都以山水為自然劃界。作者可能是一位豪放之人,事先並無周密計劃,從上往下信手畫來,成了「前松後緊」——日想觀、水想觀、寶池觀等,畫面大,山水氣勢非凡,韋提希夫人端莊虔敬;愈往下,畫面愈小,有的「觀」竟然未畫韋提

希夫人，僅有十六個場景而已。又，不依經文次序，不注意各「觀」內容的區別，華座上的「佛」就畫了好幾尊。第431窟的「寶樹觀」用七棵樹代表「七重行樹」，此畫卻不循套路，畫兩棵樹，一棵表示「七寶花葉」，一棵表示「一一樹上有七重網，一一網間有五百億妙花宮殿」，樹上畫宮殿始於第431窟，竟成了《樹想觀》的標本。

第103窟也是莫高窟盛唐代表窟，但與第217窟相比，完全是兩種風格。第217窟以華麗著稱，第103窟以淡雅聞名。東壁的維摩詰經變，幾乎不敷什麼顏色，其「以線造型」堪稱爐火純青。北壁通壁畫觀無量壽經變，也是代表作。敦煌壁畫中，沒有一鋪完全相同的經變畫。第103窟觀經變除了藝術風格特殊之外，還有一些顯著特點：

首先，淨土莊嚴相中的主尊不是無量壽佛，而是釋迦牟尼佛。能如此明確界定者不多，證據有二：一者，「佛放眉間白豪相光，遍照十方無量世界」，畫面與經文相符。《觀經》中說到佛放光的地方不少，但「放眉間光」，只有釋迦牟尼佛。二者，佛說《觀經》時，與會的菩薩以「文殊師利法王子而為上首」，再沒有第二個菩薩的名字。此畫中的右上座的左手舉於胸前，手心朝外，伸食、中二指，這正是文殊師利菩薩，和東壁維摩詰經變中的文殊師利菩薩的手印完全相同。

其次，右側條幅的「十六觀」中，韋提希夫人的頭飾常變：有梳高髻的，有戴「籠冠」的，有戴不知名高冠的（唐代婦女好男妝，可能這也是一種男妝）。

第66窟的平面面積並不大。北壁的觀經變，1908年伯希和曾拍有照片。1933年，日本的松本榮一先生據此發表過研究文章。此圖中間為淨土莊嚴相，西側為十六觀，東側為「未生怨」，均為格子式，即把每一個情節放在一個格子內（見圖6）。這種形式，被後來的第171、113等窟所採用。

▲ 圖 6　觀經變　第 66 窟盛唐

　　此窟的淨土莊嚴相中無「天樂」，寶樓閣亦未刻意追求。其「三尊」的描繪與經文一致：佛的圓光放出九道光芒，一一光中有化佛，這是無量壽佛的特點；左上座戴「寶瓶」冠，是為大勢至菩薩的特點；右上座戴「立化佛」冠，乃是觀音菩薩的特點。（按經文，觀音在佛的左面，大勢至在佛的右面，他們的位置被左右顛倒了。）圖中的人物，尤其是三尊周圍的人物，是此畫作者的傑作。

　　他們的臉上，雖有歲月摧殘的痕跡，但我們仍然可以從一些沒有變色的形象上，看到他們風采猶存。

　　莫高窟第 171 窟東、南、北三壁均畫觀無量壽經變，西壁龕內畫《阿彌陀佛五十菩薩圖》，此窟可以說是典型的「淨土洞」。這是一種「棋格式」的觀經變：中間畫淨土莊嚴相（下部有 9 扇小屏風，畫「九品往生」，表示信仰者已經來到佛前），一邊用 32 個格子畫《序分》，

一邊用 18 個格子畫《十六觀》。前者 32 個格子分為四列八段；後者 18 個格子分為三列六段。有了這些格子，「未生怨」「十六觀」的故事情節就畫得更詳細了。中間的淨土莊嚴相，與以前不同的是：左上座為觀音菩薩，戴「立化佛」冠；右上座為大勢至菩薩，戴「寶瓶」冠，與經文完全吻合，這還是第一次。天人舞蹈的場面不大，「鳥宣道品」也有——這兩樣本不是《觀經》所有，因而只是點綴而已，說明畫家很熟悉經文。

關於此窟的「九品往生」，《十六觀》中已經有了，「淨土莊嚴相」中還有。從研究的角度說，不得不介紹：下沿九扇小屏風，畫佛與菩薩來迎接「逝者」，然後飛去；每扇小屏風都有一個「台」，亦即「空座」，以待行者。看清這一組畫面以後，我立即想到白居易說的「青蓮上品，隨願往生」。此窟的施主，自然願意「上品往生」，畫家就給你來一個全部都是「金剛台」「紫金台」來迎。上品下生是「金蓮花」來迎，此處沒有，說明施主至少要「上品中生」。我後來讀善導的《往生禮讚偈》，中有：「說此《偈》已，更當心口發願：願弟子等臨命終時，心不顛倒，心不錯亂，心不失念，身心無諸苦痛，身心快樂如入禪定，聖眾現前，乘佛本願，上品往生阿彌陀佛國。」很明顯，善導也是引導大家「上品往生」。更為有意思的是：三尊前的七寶池中，又畫「九品往生」：九個人皆坐在「台」上，中間三個不在蓮花苞內；左右各三個台，台上為花苞，內坐童子；每個台的左或者右，都有迎接他們的聖眾。中國有句俗語，叫作「送佛送到上西天」，這裡是「送人送到佛跟前」。範文瀾先生曾說：西方淨土是研究死後的學問。此話一語中的！

莫高窟第 120 窟（盛唐）、第 201 窟（中唐）、第 7 窟（中唐）、第 240 窟（中唐）、第 111 窟（晚唐）、第 118 窟（宋）的觀無量壽經變內

容特別——沒有序分，也就是説，它沒有中國人認為「大逆不道」的抓父王、禁閉母親等不孝的行為，兩邊條幅都畫「十六觀」。這種情況，很可能是出資修造洞窟的施主不喜歡這部分內容，或者他們家需要迴避這一內容。20世紀30年代，日本松本榮一先生據伯希和《敦煌圖錄》，認為這種形式的觀經變只有第120窟一鋪，非常珍貴。伯希和當年只揀好的照，自然就選上第120窟，因為它是這種形式的代表。

　　身為人子「以孝為先」是中國人的傳統美德（儘管中國歷史上不乏殺父弒君的統治者），阿世太子要囚父殺母的行為，總是不被善男信女所接受。中唐以後，出現了阿闍世故事的「因緣」。這一「因緣」有好幾種版本，歸納起來是這樣：頻婆娑羅過去為國王時，無子，卜問相師，説是山中有一老道，死後當投胎為子。國王求子心切，派人殺之。仙人被殺之後，王后仍未孕，便問相師，相師説仙人已受身為白兔。王命人獵得此白兔。兔死，王後懷孕，生阿世太子。這一「未生怨」是「因」，阿世作孽，是國王和夫人得到的「果」。我們把這部分內容稱作「未生怨因緣」，畫面處理多半是兩個情節：殺仙人、獵白兔。[9]

三、其他幾種經變

　　在莫高窟，還有幾種主要顯教經變，我沒有介紹，得有所交代：

9　對敦煌西方淨土經變調查較詳細的有：孫修身：《敦煌石窟中「觀無量壽經變相」》，敦煌研究院編《1987年敦煌石窟研究國際討論會文集‧石窟考古編》，遼寧美術出版社1990年版；王惠民：《隋至唐前期敦煌西方淨土圖像考察》，新加坡大學2001年「7—9世紀唐代佛教及佛教藝術國際會議」論文集《唐代佛教與佛教藝術》，台灣覺風基金會，2006年。

　　一是妙法蓮華經變（簡稱法華經變）。《法華經》有兩種譯本：西晉竺法護譯本叫《正法華經》，後秦鳩摩羅什譯本叫《妙法蓮華經》。後者的影響甚大，因為該經中的《觀世音菩薩普門品》後來從全經中抽出「單行」，成為《觀音經》，而觀音菩薩又是大慈大悲、救苦救難、有求必應、家喻戶曉的「大救星」的化身。法華經變始於隋而終於宋。然而遺憾的是：儘管《法華經》故事很多，可以入畫的也不少，如果沒有題記，有些畫面就可以有多種解釋。由於原定最好的幾鋪法華經變近來有爭議，所以沒有作介紹。

　　二是華嚴經變，得多說兩句：《華嚴經》從東漢支婁迦讖譯此經別行本《兜沙經》（《如來名號品》）開始，至唐時止，據法藏《華嚴經傳記》所載，光是「別行本」就有 35 部之多。而「正」經有「六十華嚴」「八十華嚴」「四十華嚴」三種，在高僧大德中頗受重視。唐代佛教宗派林立，其中就有專門弘揚《華嚴經》的華嚴宗。但由於其中心內容是講「法性本淨」「一即一切、一切即一」等深奧的理論，無法入畫，所以從「經」變成畫時，畫家只好用「佛」在七個地方、九次說法，即所謂「七處九會」來表現。於是，一鋪華嚴經變就成了 9 塊「說法圖」加 9 塊「榜書」。由於種種原因，敦煌學界至今沒有對於該經變的深入研究。對我來說，不用說八十捲的《華嚴經》，就連「四十華嚴」我也沒有讀過，更沒有研究，因此沒有介紹。

　　三是涅槃經變、報恩經變，在莫高窟也有一定的數量，我做過一些工作，讀過《涅槃經》，但沒有研究，說不到點子上，只好割愛。

　　四是金光明最勝王經變，我曾做過全面地收集、整理、研究，[10]但

10　施萍婷：《金光明經變研究》，敦煌研究院編：《1987 年敦煌石窟研究國際討論會文集·石窟考古編》，遼寧美術出版社 1990 年版。

是這一經變的主要部分是說法圖，故而略去。

　　五是金剛經變、楞伽經變、思益梵天所問經變、密嚴經變等一批依據禪宗經典繪製的經變，從佛教藝術史的角度說，它們很有意義，因為除了敦煌石窟以外，再沒有第二個！禪宗，從初祖達摩弘揚禪法以來，歷千餘年而不絕，它是我國除淨土宗之外，流傳時間長而且影響深遠的佛教宗派。其中的《金剛經》為鳩摩羅什所譯，文字優美，哲理精深，如說：「如來者，無所從來，亦無所去，故名如來」，「說法者，無法可說，是名說法」，最後有四句偈語「一切有為法，如夢幻泡影，如露亦如電，應作如是觀」。正是由於哲理性太強，金剛經變從一開始出現，就靠題記「須菩提，於意云何？……」來辨認。

　　《楞伽經》立「諸法皆幻」為宗，在義學高僧、文人學士中影響極大，白居易曾有《見元九悼亡詩因以此寄》絕句：「夜淚暗銷明月晃，春腸遙斷牡丹庭。人間此病治無藥，唯有《楞伽》四卷經。」但是，這「《楞伽》四卷經」對我們來說太難懂了。當年的敦煌，雖然高僧輩出，但把《楞伽經》變成畫時，也無法表現「萬法唯心」，只好突出「佛在楞伽山說法」作為楞伽經變的標誌。

　　思益梵天所問經變據後秦鳩摩羅什譯《思益梵天所問經》而繪製。該經有點像佛教哲理學術討論會，思益梵天是從「他方佛國」來的與會者，且為主角。其他與會者還有：摩訶羅梵天子、善寂天子、不退轉天子、淨相天子。佛是「主講」，討論的主題是「諸法空寂之理」。抽象的哲理無法入畫，於是思益梵天所問經變就成了這樣：一個長方形的空間裡，三分之二畫大型說法圖，三分之一畫許多小說法圖——一佛二菩薩正襟危坐，案桌前跪著二人，一人戴天子冠，一人為梵天的形象。密嚴經變更是一丁點故事都沒有，只畫一鋪大說法圖，再畫許多小說法圖，在小說法圖旁寫上題記——實際上是照抄一段段經

文，與思益梵天經變的構圖差不多，所不同的是：前者小說法圖前面跪的是「天子」與「梵天」，後者小說法圖前跪的是小菩薩。以上四種經變畫，由於我上面所說的種種原因，我都沒有介紹。

與禪宗無關，但經變形式與密嚴經變、思益梵天所問經變相似的還有天請問經變，莫高窟有 31 鋪。《天請問經》只有 601 言，乃唐三藏法師玄奘所譯，內容為：一位「天」有一些問題請問於佛，佛給予回答。如：「天復請曰：『誰為最安樂？誰為大富貴？誰為恆端嚴？誰為常醜陋？』，世尊告曰：『少欲最安樂，知足大富貴。持戒恆端嚴，破戒常醜陋。』」通篇經文均如上引一問一答，都是無法入畫的概念。從「經」變成畫，也就成了：上部畫大說法圖，下部畫小說法圖，再把「天」與「佛」的問答一字不差地寫在旁邊。

還有十輪經變（原定名為寶雨經變，第 321 窟南壁十輪經變還保存榜題一方，可謂鐵證）、梵網經變、賢愚經變、牢度叉斗聖變、報父母恩重經變、目連變等，本文限於篇幅，不述。

四、後語

敦煌經變畫是一個大題目，其中的絕大多數經變，每一種都可以寫一本書。袖珍式的文章，非我所能。此次勉為其難，只能對不起讀者。然而有幾點感想，仍不揣冒昧而奉告：

禪宗一向以「不立文字」自詡。但是，自唐初六祖慧能有《法寶壇經》之後，諸方記錄（即《語錄》）漸成巨帙，成了流傳文獻最多的一個宗派。這大概是始祖達摩做夢都沒有想到的。更有甚者，敦煌石窟成為中國現存禪宗壁畫品類最齊備的地方，更是禪宗高僧大德們始料未及的。這是一筆敦煌獨有、舉世無雙的非物質文化遺產，值得我

們更進一步保護、研究。

　　近年來，研究「敦煌佛教世俗化」的文章不少。反應遲鈍的我，連「世俗化」的概念也搞不清。比如上述一系列禪宗的經變畫，我怎麼也和佛教「世俗化」聯繫不上。現趁此機會，提出來求教於專家學者。

　　唐張彥遠《歷代名畫記》第一卷有「論畫六法」一節。六法中，「五曰經營位置」。他在說到「經營位置」時，曾感嘆：「至於經營位置，則畫之總要。自顧陸以降，畫跡鮮存，難悉詳之。」可惜張彥遠沒有見到敦煌經變畫，所以他認為只有吳道子「六法俱全」。他認識到「經營位置」是「畫之總要」，但他感慨「難悉詳之」。我想，他當年如果到了敦煌，此念頓消！敦煌的每一幅經變畫，設計之始，首先要考慮的就是「經營位置」。研究敦煌壁畫，就「經營位置」四個字可以寫成巨著。遺憾的是，至今沒有人來坐這一「冷板凳」！我學了幾年歷史，對於美術是門外漢，只有告罪於讀者。

　　白居易71歲時寫了一篇《唸佛偈》。我今年78，想引用它來作為結尾，以求讀者原諒：

唐白香山唸佛偈

　　餘年七十一，不復事吟哦。看經費眼力，作福畏奔波。何以度心眼，一聲阿彌陀。行也阿彌陀，坐也阿彌陀。縱饒忙似箭，不廢阿彌陀。日暮而途遠，吾生已蹉跎。旦夕清淨心，但念阿彌陀。達人應笑我，多卻阿彌陀。達又作麼生，不達又如何。普勸法界眾，同念阿彌陀！

　　　　　　　　　　　　　　　（原載《敦煌研究》2011年第5期）

敦煌莫高窟經變畫統計表

名稱＼時代	北周	隋	初唐	盛唐	中唐	晚唐	五代	宋	西夏	元	時代不明	合計	
淨土變　西方淨土變　無量壽經變			8	1	2	6	1		13			31	
阿彌陀經變			6	4	5	5	8	2	8			83	
觀無量壽經變	1	2	20	34	8	4	6					85	
簡略之淨土變				1	1			16	43			61	402
十方淨土變					2		1					3	
東方藥師經變	4	1	1		22	32	21	9	6			96	
彌勒經變	9	11	14		25	8	12	9				98	
維摩詰經變	11	10	3		10	9	16	9				68	
如意輪觀音經變				1	10	13	26	13	2			65	
不空絹索觀音經變				1	8	15	20	10	3			57	
千手千眼觀音經變				3	8	8	9	10	2	2		42	
法華經變	2	5	2		6	7	8	5				31	
報恩經變					2	7	11	9	3			32	
天請問經變					1	10	8	7	5			31	
華嚴經變					1	5	9	7	6			28	
觀音經變	1			5	5	4	3	3	3			24	
金剛經變					2	8	10					20	
千手千鉢文殊經變					4	4	3	2	2		1	16	
涅槃經變	3	1		6	4							14	
勞度叉斗聖經變		1				3	7	3				14	
楞伽經變					1		5	2	4			12	
思益梵天所問經變							4	5	2			11	
金光明最勝王經變						4	5		1			10	

續表

名稱 ＼ 時代	北周	隋	唐				五代	宋	西夏	元	時代不明	合計
			初唐	盛唐	中唐	晚唐						
賢愚經變						1	3	1				5
嚴密經變					1	2	1	1				5
報父母恩重經變					1	1		2				4
福田經變	1	1										2
佛頂尊勝陀羅尼經變								2				2
梵岡變								2				2
十輪經變			1	1								2
金光明經變		1										1
大悲心陀羅尼經變								1				1
八大靈塔名號經變								1				1
熾盛光佛經變										2		2

備註：1. 維摩詰經變包括單獨出現的「文殊師利問疾品」。

　　　2. 涅槃經變中，繪塑結合者五鋪。

　　　3.「簡略之淨土變」主要指宋、西夏時期一些難以區別的、只知其為「淨土」的畫。因而此表所列經變實為 33 種。

中國最早的無量壽經變

——讀支道林《阿彌陀佛像贊並序》有感

無量壽經變是佛教經變畫西方淨土變的重要門類之一，它與阿彌陀經變和觀無量壽經變同樣表現西方極樂世界的情景。關於這三種經變的甄別，目前學術界尚存爭議。最早的淨土經變何時出現？它又是如何發展和流布的？這些問題還沒有更多的人注意。近讀東晉支道林（支遁）有關佛贊，發現至遲在東晉年間即有無量壽經變出現，支遁的《阿彌陀佛像贊並序》即是當時已有此經變的有力證據。

一、高僧、名士支道林

支道林本名支遁，名、字同行，俗姓關氏，陳留（今河南開封）人，一說河東林慮（今河南林縣）人。據慧皎《高僧傳‧支遁傳》（下稱《支遁傳》）記載，支道林卒於廢帝太和元年（366），享年 53 歲，則生於晉愍帝建興二年（314）。又記載支道林自小受家族奉佛傳統的

影響，25 歲出家為僧，則時當 338 年。

支遁師從何人？早期的史籍如《高僧傳》《出三藏記集》《世說新語》等均無記載。湯用彤、陳寅恪等先生的研究著作中也未提及，因此一直以為「史載闕如」。最近從宋人葉夢得的《避暑錄話》中讀到支道林師從支謙之說：「晉宋間，佛學初行，其徒猶未有僧稱，通曰道人。其姓則皆從所授學，如支遁本姓關，學於支謙，為支；帛道猷本姓馮，學於帛尸梨密，為帛是也。」[1] 支謙生卒年不詳，《高僧傳》卷一提到他主要譯經時間是吳黃武元年至建興年中（222—253）。應該說先輩學者不是沒有見過葉夢得的《避暑錄話》，而是認為此說不可信，因為支謙在世時，支道林還未出生。我們之所以引此說，是因為有一點是可信的：中國僧人，釋道安以後才一律姓釋，在此之前的，均「從師改姓」。支道林由姓關到姓支，是「從師改姓」，這一點是沒有問題的。又，從佛教學的角度講，支遁的師承也應是支謙。理由有二：支謙受業於支亮，亮受業於支婁迦讖，隋費長房《歷代三寶紀》卷五記錄支謙譯經時提到當時有諺語說：「天下博知，不出三支。」支道林 25 歲才出家，已是成年人。這「三支」——支婁迦讖、支亮、支謙，定為支遁心儀已久。此其一。據《支遁傳》，支遁出家前，曾「隱居餘杭山，深思《道行》之品，委曲《慧印》之經」。《道行》即《道行般若經》，乃支婁迦讖所譯；《慧印》即《佛說慧印三昧經》，正是支謙所譯，說明他出家前就鑽研支婁迦讖和支謙的作品。出家之後，「至哀帝（362—365）即位，頻遣兩使，征請出都。止東安寺，講《道行般若》，白黑欽崇，朝野悅服」。到皇帝跟前，講的還是「三支」的譯經。事實上的師承比形式上的師承更能說明問題，此其二。

1　葉夢得：《避暑錄話》卷下，《叢書集成初編》第 2787 冊，中華書局 1983 年版。

　　支道林的活動範圍主要在當時東晉都城建康（今南京）為中心的江浙一帶，東晉是我國初期佛教急遽發展的時代，作為一代高僧和名士，頗受當時僧俗兩界讚譽和推崇。《支遁傳》載其於佛學「卓焉獨拔，得自天心」。其於玄學，則「標揭新理，才藻驚絕」。支道林的著述，史書記載不一，有說十捲，有說八卷，且散佚甚多。今存可見最著名的有《即色論》《大小品對比要鈔序》《逍遙論》，還有一些贊、銘、詩作、書信等。從其著述來看，主要分為三個方面：一是精研般若學義理，創即色義，明因緣，悟中道。

　　二是注《莊子·逍遙游》，一改向秀、郭象以「適性」為逍遙的論點，提出「逍遙」是一種理想價值和「至人」的理想境界，當時被稱為「支理」。三是對佛教淨土世界的描述及其身體力行的「圖立神表」。其所作《阿彌陀佛像贊並序》《釋迦文佛像贊並序》等是研究我國早期佛教造像不可多得的珍貴資料。其《阿彌陀佛像贊並序》中說的「圖立神表」以及關於阿彌陀淨土的絕妙描述，是引發我們撰寫此文的誘因。

　　高僧、名士兼於一身的支道林，注《莊子·逍遙游》，在當時的玄學界可謂獨樹一幟。《世說新語·文學》有「標新理於二家之表，立異義於眾賢之外」的記載。[2]實際上，作為高僧的支道林是引佛入玄，以佛解玄。這一點陳寅恪先生早有論述。支道林注《逍遙游》所提出的「至人」概念，實際上深深地帶著其作為高僧的佛教思想印痕。其《逍遙論》曰：

　　夫逍遙者，明至人之心也。莊生建言大道，而寄指鵬鷃，鵬以營

2　余嘉錫：《世說新語箋疏》（修訂本），上海古籍出版社1993年版，第220頁。

生之路曠，故失適於體外，鴳以在近而笑遠，有矜伐於心內。至人乘天正而高興，游無窮於放浪，物物而不物於物，則遙然不失我得；玄感不為，不疾而速，則消然靡不適，此所以為逍遙也。若夫有欲當其所足，快然有似天真，猶飢者一飽，渴者一盈，豈忘烝嘗於糗糧，絕觴爵於醪醴哉？苟非至足，豈所以逍遙乎？[3]

從這裡可以看出，支道林所謂的「逍遙」是「至人之心」，即只有「至人」才能達到的「乘天正而高興，游無窮於放浪，物物而不物於物，則遙然不失我得」的精神境界。這也是對向、郭所謂「各適性以為逍遙」的批判。那麼，何謂「至人」呢？支道林的定義是：

夫至人也，覽通群妙，凝神玄冥，靈虛響應，感通無方，建同德以接化，設玄教以悟神，述往跡以搜滯，演成規以啟源⋯⋯是以至人順群情以征理，取驗乎沸油，明小品之體本，塞群疑幽，因物之征驗，故示驗以應之。今不可以趣征於一驗，目之為淳德，效喪於事實，謂之為常人，而未達神化之權。[4]

支道林所謂的「至人」「聖人」與「佛」都是超乎「常人」的。他認為：「是以聖人標域三才，玄定萬品，教非一途，應物萬方」。[5]至人即聖人即佛，是超乎「天、地、人」三才之外的道德修養極高的人。

支道林《釋迦文佛像贊》敘述了釋迦佛成佛的過程，實際上是對

3　余嘉錫：《世說新語箋疏》，上海古籍出版社 1995 年版，《世說新語・文學篇》第 32 條「莊子逍遙游篇」注，第 220 頁。

4　《大小品對比要鈔序》，《出三藏紀集》卷八。

5　《大小品對比要鈔序》，《出三藏紀集》卷八。

其「逍遙論」的進一步闡述。其贊曰：

　　夫立人之道，曰仁與義。然則仁義有本，道德之謂也。昔姬周之
末，有大聖號佛，天竺釋王白淨之太子也……俄而高逝，周覽郊野，
四辟皇扉，三鑑疾苦……脫皇儲之重任……希無待以輕舉。[6]

　　「無待」語出《莊子》郭象注，與「有待」相對，即絕對精神。釋
迦放棄王太子的身分，追求精神的超脫就是追求「逍遙」的境界。從
這裡可以看出作為高僧名士的支道林玄佛互參的思想特徵。

　　如何才能達到「至人」的這種逍遙境界？支道林有其獨特的論述。
其《詠懷詩》其一：

　　傲兀乘屍素，日往復月旋。弱喪困風波，流浪逐物遷。中路高韻
益，窈窕欽重玄。重玄在何許，采真游理間。苟簡為我養，逍遙使我
閒。寥亮心神瑩，含虛映自然。亹亹沈情去，彩彩沖懷鮮。踟躕觀象
物，未始見牛全。毛鱗有所貴，所貴在忘筌。[7]

　　有研究者分析支道林的這首詩是在敘述自己的經歷，認為作者在
前半部分主要敘述了自己青少年時期「弱喪困風波，流浪逐物遷」和
尸位素餐、無所事事的「顛沛流離」生活。而「中路高韻益，窈窕欽
重玄」則是其涉入玄學後的思想狀態，並以玄入佛，致力於般若空宗
的過程。實際上，從詩作的敘述邏輯來看，筆者認為支道林實際上是

6　《釋迦文佛像贊》，《廣弘明集》卷一五。

7　《詠懷詩》，《廣弘明集》卷三〇。

要闡明一種心靈的超然境界。

「傲兀」，猶傲岸，即超然獨立。「屍素」，即尸位素餐，語出《漢書.朱云傳》：「今朝廷大臣，上不能匡主，下亡以益民，皆屍位素餐。」又見王符《潛夫論・思賢》：「虛食重祿，素餐尸位。」原意為食其俸祿而不為其事，此處指不屑於世俗雜務。「傲兀」與「屍素」是從兩個不同的角度說明魏晉時代的一種人生態度，即不拘於世務，心靜神凝。關於「弱喪困風波，流浪逐物遷」兩句，論者多一筆帶過，或謂是對魏晉時期動盪的社會現實的反映，但筆者認為這是作者對人生處世態度的闡釋，是一種「溺乎玄風」[8] 的故弄玄虛，實際上是論指「至人」的一種精神追求。近於孟子的「窮」「達」之說。[9] 即無論順境還是逆境，都無關緊要，重要的是如何達到「中路高韻益，窈窕欽重玄」。如果將「重玄」理解為引自《老子》的「玄之又玄」，那麼，兩句的深意則是追求真理的奧秘。「重玄」在哪裡？在「采真游理間」，即雖然萬事萬物紛繁複雜，但都是有其自身的本質和變化的規律，即「真」。「苟簡」一詞，語見《莊子・天運》：「古之聖人……食於苟簡之田，立於不貸之圃」[10]，「苟簡」「逍遙」「寥亮」「含虛」均指無為而無不為的處世準則和崇尚自然的人生態度。接下來闡述其認識論思想。「踟躕觀象物，未始見牛全」他認為客觀世界如何紛繁複雜，目之所至，所見只是表象而很難看到事物的本質，即「未始見全牛」。這首詠懷詩的點睛之筆是「毛鱗有所貴，所貴在忘筌」。「毛鱗」指各種鳥

8　劉勰：《文心雕龍》，範文瀾注「卷二・明詩第六」，人民文學出版社 1962 年版，第195 頁。

9　劉勰：《文心雕龍》，範文瀾注「卷二・明詩第六」，人民文學出版社 1962 年版，第195 頁。

10　郭慶藩輯：《莊子集釋》，《諸子集成》，上海書店 1986 年版，第三冊，第 229 頁。

獸蟲魚，「忘筌」出自《莊子・外物》篇之「得魚忘筌」。這兩句是說鳥獸蟲魚任其自然，而無網筌之虞。在《阿彌陀佛像贊並序》中，支道林也寫道：「浪無筌忘，鱗罕餌淫」——這是只有西方極樂世界才有的景象。從這裡可以看出支道林以莊解佛、標新理於眾賢之上的過人之處，也就更好理解高僧名士兼於一身的支道林為何推崇西方極樂世界了。

二、淨土信仰與早期淨土造像

佛教淨土思想在中國的興起是伴隨著淨土經典的翻譯和流布開始的，其遠淵可追溯至公元 2 世紀後期的東漢靈帝時代。其時，支婁迦讖（簡稱支讖）譯出《般舟三昧經》和《無量清淨平等覺經》（168—189年）。及至三國，吳支謙翻譯了《大阿彌陀經》（222—228 年），《慧印三昧經》，曹魏的康僧鎧翻譯了《無量壽經》（252 年）[11]，後秦鳩摩羅什翻譯了《阿彌陀經》（402 年），南朝劉宋時畺良耶舍翻譯了《觀無量壽佛經》（424 年），阿彌陀淨土三經已經齊備。因此可以推斷，至遲從 2 世紀末期開始，佛教淨土思想便開始在中國萌芽，但淨土思想的廣泛流行是從東晉時代開始的。

當東晉支道林活躍於南方的時候，另一般若大家道安（312 或314—385）正在北方隨佛圖澄研習般若之學。與支道林努力踐行格義之學不同的是，道安認為「……弘贊禮教，附會外書（如《莊》《老》等），則不能愜……志在弘贊真實教理，其不依傍時流，為佛教謀獨立

11　《佛說無量壽經》（簡稱《無量壽經》）歷來譯本頗多，本文所引為曹魏天竺三藏康僧鎧譯本。

之建樹，則尤與竺、支（竺法雅、支道林──引者注）等截然殊途也」[12]②。道安是將淨土思想付諸實踐的代表人物。晉哀帝興寧三年（365），道安從河北抵達時為晉土的襄陽，先居白馬寺，後創立檀溪寺，「天下寺舍，遂則而從之」[13]。在這期間，道安及其同道對彌勒思想多有闡發並發宏願往生兜率。《高僧傳・釋道安傳》：「安每與弟子法遇等於彌勒前立誓願生兜率。」

道安居襄陽，從之者數百，其中有竺僧輔、曇戒、曇翼、法遇、曇徽、慧遠、慧持、慧永等被收入《高僧傳》的高僧。

《高僧傳・竺僧輔傳》：「後憩荊州上明寺，單蔬自節，禮懺翹勤，誓生兜率，仰瞻慈氏。」

《高僧傳・曇戒傳》：後篤疾，長誦彌勒佛名，不輟口。弟子智生侍疾，問何不願生安養。戒曰：「吾與和尚等八人同願生兜率，和尚及道願等皆已往生，吾未得去，是故有願耳。」言畢，即有光照於身，容貌更悅，遂奄而遷化，春秋七十，仍葬安公墓右。

從上述記載可以看出，誦彌勒佛名與往生兜率是道安一系的追求。同時「兜率」不同於「安養」，說明這一時期的淨土信仰區分是比較清楚的，道安及其同道追求的是彌勒淨土。

與道安一同願往兜率的高僧中，慧遠應該是第一位發願期生西方淨土的，即與道安期生兜率彌勒淨土不同，慧遠則弘揚彌陀淨土，精修三昧並重持名唸佛。正因為如此，劉宋時即被推為淨土宗祖。[14]實際上，據湯用彤先生考證，《僧傳》有所謂慧遠攜劉遺民、周續之等於廬山精舍無量壽佛建齋立誓，共期西方之說，但俗傳所謂慧遠與十八高

12　湯用彤：《漢魏兩晉南北朝佛教史》（增訂本），崑崙出版社 2006 年版，第 181 頁。

13　《高僧傳》卷五《釋道安傳》。

14　《佛祖統記》卷二六。

賢立白蓮社等事，因史載多相互矛盾，應不足為憑。[15]不過可以確定的是，慧遠及劉遺民、周續之等期生安養與道安等願生兜率應是當時淨土思想的代表。

慧遠（334—416），俗姓賈，雁門樓煩（今山西代縣）人。《高僧傳・釋慧遠傳》載：「少為諸生，博綜六經，尤善《莊》《老》」，當時宿儒賢達，莫不嘆其學識淵博。年 21 時，「時沙門釋道安立寺於太行恆山，弘贊像法，聲聞甚著。遠遂往歸之，一面盡敬，以為真吾師也」[16]。正因為慧遠善《莊》《老》並兼通儒學，所以，師從道安之後，在繼承道安般若學體系並形成自己的佛教思想的過程中，帶有明顯的中國玄學及儒學特徵，這是理解慧遠期生西方淨土的重要依據。

支道林和慧遠有一個共同點就是同善《莊》《老》，又深諳般若。支道林讚美西方極樂淨土，慧遠身體力行，率弟子共期西方，由此可以看出魏晉時代名士、高僧由崇尚玄談到追求自然，最後追求西方極樂淨土，實際上是在紛亂的現實世界面前追求自我解脫的一種訴求，但這種帶有深深的中國文化特點的佛教思想卻成了後世中國淨土宗的淵藪。

在很長一段時期內，學術界對西方淨土變的研究多注目於觀無量壽經變和阿彌陀經變，而對無量壽經變研究較少。事實上，《無量壽經》傳譯最早（比《阿彌陀經》早 220 多年，比《觀無量壽經》早 270來年），譯本最多（有所謂「五存七欠」），其對西方淨土的描寫也最豐富。佛教界認為它是「淨土群經之綱要」。或因《阿彌陀經》和《無量壽經》同出一源，兩經均有對西方極樂世界的描述，或由於《無量

15　湯用彤：《漢魏兩晉南北朝佛教史〉》（增訂本），崑崙出版社 2006 年版，第 323—329頁。

16　湯用彤：《漢魏兩晉南北朝佛教史》（增訂本），崑崙出版 2006 年版，第 304 頁。

壽經》與《觀無量壽經》（《觀經》）均有關於「三輩往生」或「九品往生」的記載。所以，研究者往往或將無量壽經變歸於阿彌陀經變，或將其與觀無量壽經變混為一談。從支遁的《阿彌陀佛像贊並序》來看，三種西方淨土變在畫面表現內容上的區別是非常明顯的，這一點可從同期的有關圖像資料中得到證明。

　　見於文獻記載的，依有關淨土經典繪塑的佛教藝術品，也出現在這一時期。其中最著名的有竺道鄰興寧年間（363—365）在山陰昌原寺鑄造的無量壽像，戴逵在山陰靈寶寺製作的彌陀及脅侍二菩薩木像等。[17]東晉孝武寧康三年（375）四月八日，襄陽耘溪寺沙門釋道安，盛德昭彰，聲振宇內，於郭西精舍鑄造丈八金銅無量壽佛，明年季冬嚴飾成就。目前所見有關無量壽經變的實物遺存有：

　　1. 炳靈寺第169窟第6龕內的一佛二菩薩。該龕內的主尊佛背光右上方有墨書榜題「無量壽佛」，右側菩薩墨書「觀世音菩薩」，左側菩薩墨書「得大勢至菩薩」。造像題記約五百字，尾署：「建弘元年（420）歲在玄枵二月廿四日造」（如據「歲在玄枵」來推算，應為424年）。

　　2. 四川成都萬佛寺出土的佛像資料中，有很多淨土圖像資料，其中有一塊鐫有南朝劉宋元嘉二年（425）造像銘的浮雕淨土變相，該石刻被認為「是目前所知四川地區乃至南方地區有紀年的最早一件石刻造像」[18]。此石雕現藏法國，我們能看到的只是發表出來的拓片資料。

17　《高僧傳》卷五記：「……言曠之行住常有鬼神數十衛其前後。時沙門竺道鄰造無量壽像，曠乃率其有緣，起立大殿相傳云……」據考，其時應為東晉興寧（363—365）年間。《法苑珠林》卷一一六記：「晉世有譙國戴逵，字安道者，留逐舊吳，游心釋教，乃作無量壽挾持菩薩，所聞褒貶，輒加詳改，三年方成，俄而迎入山陰之靈寶寺。」《歷代名畫記》卷五記：「戴逵，字安道，譙郡銍人……逵既巧思，又善鑄佛像及雕刻，曾造無量壽木像，高丈六，並菩薩。」

18　袁曙光：《四川省博物館藏萬佛寺石刻造像整理簡報》，《文物》2001年第10期。

浮雕有毀損，石刻拓片圖也不清楚。這幅圖像，曾引起許多研究者的廣泛關注。張肖馬、雷玉華認為是「淨土變相」，但未說明是彌勒淨土還是西方淨土。[19]日本長廣敏雄最早注意到這幅圖像，其《南朝的佛教刻畫》認為圖像內容是本生圖。[20]日本吉村憐認為是據《法華經·觀世音菩薩普門品》繪製，並將其定名為「法華經普門品變相」[21]。

3. 南朝齊永明元年（483）造無量壽佛、彌勒佛。這是四川茂汶出土的一塊造像碑。它是四川現存有明確南朝紀年的時代最早的佛教造像碑之一。碑的兩面，一面刻的是無量壽佛，一面刻的是彌勒佛。碑的右側有造像銘文六行：

（1）齊永明元年歲次癸亥七月十五日，西涼曹比丘釋玄嵩，為帝
（2）主臣王、累世師長父母兄弟、六親眷屬及一切眾生，敬
（3）造無量壽、當來彌勒成佛二世尊像，願一切群生發弘
（4）曠心，明信三寶，躬修十善，遭遇慈氏龍華三會，聶豫
（5）其昌，永去塵結，法身滿足，廣度一切，共成佛道。
（6）比丘釋僧成□□□□共成此〔功〕。

此碑的無量壽佛作立像，彌勒佛作坐像，據袁曙光先生介紹，立佛「龕右上角刻有榜題『無量壽佛』四字」，無量壽佛作立姿，且有題年、題款，這是罕見的一例。

---

19 張肖馬、雷玉華：《成都市商業街南朝石刻造像》，《文物》2001 年第 10 期。
20 長廣敏雄：《南朝的佛教刻畫》，《六朝時代○美術研究》，日本美術出版社 1969 年版。
21 吉村憐著，卞立強、趙瓊譯：《天人誕生圖研究》，中國文聯出版社 2002 年版，第 246—255 頁。

4. 四川成都萬佛寺出土的佛像中，有一塊南朝無紀年的碑石，碑石出土時斷為兩截（現已拼接），圖版刊登於日本朝日新聞社 2000 年 10 月發行的《中國國寶展》第 183 頁上，是我們目前所能見到的最清楚的畫面。關於這一碑石，李裕群先生根據正面的雙觀音圖像，將其確定在梁普通年間（520—526）。[22]吉村憐引用了背面上半段圖像資料來佐證其對元嘉二年（425）碑刻拓片圖像的論證，認為這一圖像反映的是釋尊靈鷲山説法，即「靈山會」。吉村氏認為這幅圖像與元嘉二年的圖像在內容上有一致性。從拼接後的背面全圖來看，畫面從上往下為：上段，佛坐於寶座上，眾弟子肅立起敬，背後是崇山、河渠，河中有疏密有致的荷葉；佛與眾弟子的兩側是蕉葉及高大的寶樹；寶樹的左右下方是高大的樓閣。中段，佛的正前方，「人」字形寬帶一樣的地段，有鱗次櫛比的菩提樹，每邊的樹下踞坐著 13 位僧人；「人」字形的中間，正對著佛，是四伎樂天和芭蕉樹；「人」字地帶的左右是河渠，河上有橋通向兩側的樓閣；河中有蓮花、荷葉、化生、游泳者。筆者認為，此段的準確名稱應為「靈山淨土」[23]。下段，橫貫畫面的一條大河上，正中有一座很寬的橋，兩邊有欄杆，橋上無人物，橋下河面上有出水荷葉、蓮花、蓮蓬、蓮花化生、游泳者等，可以看出，無量壽經變的基本元素在這裡都有。大河的下部圖像很顯然是據《觀世音菩薩普門品》繪製。[24]

5. 南北朝時期龍門石窟的西方淨土變相。據日本塚本善隆的研

22　李裕群：《試論成都地區出土的南朝佛教石造像》，《文物》2000 年第 2 期。

23　靈山淨土：靈山，靈鷲山的簡稱，是佛說《法華經》之處。因此稱靈鷲山為釋迦報身常住之淨土，參見《法華玄論》卷九。

24　對這塊碑的考證，還可參閱趙聲良：《成都南朝浮雕彌勒經變與法華經變考論》，《敦煌研究》2001 年第 1 期。

究，由於北魏以來菩提流支在洛陽翻譯了《觀無量壽經》，其後有曇鸞（476—542）等人的潛心研修和弘揚，因此「南北朝時期的龍門造像中，『無量壽佛』這一名稱的出現並非不可思議，應該説是理所當然的」[25]。據李玉昆先生統計，龍門石窟北朝時期有具體年代可考的無量壽佛有八尊。[26]此外，現存美國弗利爾美術館（FreerGallery）、出土於河北邯鄲南響堂山第 2 窟的一幅浮雕阿彌陀淨土變，據考為北齊時代的作品。[27]實際上，從南北朝開始，各地石窟中類似的淨土圖像開始逐漸增多，例如，敦煌莫高窟的建於西魏年間的第 285 窟，窟內有明確的大統四年（538）、五年（539）建窟記年，該窟東壁門北側的説法圖主尊結跏趺坐，作説法手印，四菩薩脅侍，分別題名「無盡意菩薩」「文殊師利菩薩」「觀世音菩薩」「大口（勢）志（至）菩薩」，菩薩後有四弟子佇立，各有題名。最有特點的是該説法圖榜題「無量壽佛」，可確切斷定這鋪説法圖為西方淨土圖，且為莫高窟最早的一幅。

　　從上述所列可以看出，6 世紀中期之前，除上述幾處與淨土經典有關的造像外，文獻或考古資料中都未發現有其他比較完整的淨土經變圖像的信息。從目前資料看，西方淨土變在北方的大規模流行似乎是從隋代開始的，而在南方，從支道林的《阿彌陀佛像贊並序》來看，實際上早在東晉時代，就已經有比較完整的西方淨土變相了。雖然實

25　〔日〕塚本善隆著，施萍婷譯、趙聲良校：《從釋迦、彌勒到阿彌陀，從無量壽到阿彌陀——北魏至唐的變化》，《敦煌研究》200⁴ 年第 5 期。

26　李玉昆：《龍門碑刻及其史料價值》，載劉景龍、李玉昆編：《龍門石窟碑刻題記匯錄》（上），中國大百科全書出版社 1998 年版，第 42 頁。

27　閻文儒《中國石窟藝術總論》：「北響堂山，也稱作常樂寺，石窟群在石鼓山的山腰，共有 8 個窟，其中主要的是南、北、中三個窟，根據南洞外面北齊天統四年（568）—武平三年（572）唐邕的刻經記看，可以證明是北齊開鑿。」天津古籍出版社 1987 年版，第 40 頁。

物無存，但支道林的像贊所描述的應該就是當時的無量壽經變。

三、「圖立神表」——支道林描繪的無量壽經變

支道林一生所作像贊甚多，除《阿彌陀佛像贊並序》外，尚有《釋迦文佛像贊並序》《文殊師利贊》及一些菩薩贊。雖均名為像贊，但《阿彌陀佛像贊並序》主要是對以阿彌陀佛為中心的西方極樂世界「淨土莊嚴」的描述，而其他像贊則主要只贊釋迦佛和菩薩的「功德莊嚴」。《阿彌陀佛像贊並序》開篇即言：「夫六合之外，非典籍所摸，神道詭世，豈意者所測……佛經紀西方有國，國名安養，迴遼迥邈，路踰恆沙，非無待者不能游其疆，非不疾者焉能致其速。其佛號阿彌陀，晉言無量壽。」[28]此處所言「六合之外」的「安養國」有佛「阿彌陀」，晉時稱為「無量壽」者，均出自《無量壽經》。支遁的「國名安養」一語，是我們把他的《阿彌陀佛像贊並序》歸結為出自《無量壽經》的主要依據之一。因為支遁所處的時代，已經譯出的佛經中，提到「國名安養」的只有四部經：（1）竺法護譯《正法華經》；（2）安世高譯《不退轉法輪經》；（3）康僧鎧譯《無量壽經》；（4）支謙譯《維摩詰經》卷下。四經中，只有康僧鎧譯《無量壽經》是專講阿彌陀佛的西方極樂世界的。又，此時《阿彌陀經》《觀無量壽經》尚未譯出，因此，其所贊之阿彌陀和西方淨土之根據也只能是《無量壽經》。

後漢至兩晉時期，佛教淨土思想隨著大乘經典的翻譯逐步流行起來。這一點我們可從支遁的師承關係上做進一步說明。《高僧傳・康僧會傳》載：

28　《廣弘明集》卷十五。

時孫權已制江左，而佛教未行。先，有優婆塞支謙，字恭明，一名越，本月支人，來游漢境。初，漢桓、靈之世，有支讖譯出眾經。有支亮，字紀明，資學於讖。謙又受業於亮，博覽經籍，莫不精究，世間伎藝，多所綜習，遍學異書，通六國語。[29]

湯用彤先生《漢魏兩晉南北朝佛教史》也講到：「支讖（即支婁迦讖）之弟子支亮，支亮之弟子支謙。世高與讖同在洛陽，僧會與謙同住建業，二者雖互相關涉，但其系統在學說及傳授上，固甚為分明也。」[30]

由此可以看出，從支讖到支亮再到支謙一脈相承的師承關系。支婁迦讖於後漢時翻譯了《佛說無量壽清淨平等覺經》，三國吳時支謙翻譯了《佛說阿彌陀三耶三佛薩樓佛檀過度人道經》，雖名稱不同，但都是稱讚無量壽佛及其西方極樂世界的，即與曹魏康僧鎧所譯《佛說無量壽經》是同一經。三種譯本中只有支謙本謂佛號為「阿彌陀」，其他兩譯本則謂：「無量壽佛」（康僧鎧）或「無量清淨佛」（支婁迦讖）。從支道林的「像讚」內容看，可知其「圖立神表，仰瞻高儀」的圖像基本是按支謙本所言「阿彌陀」和康僧鎧所謂「安養國」的種種「功德莊嚴」來描繪的。

傳統的無量壽經變一般包括阿彌陀說法、聽法菩薩、淨土莊嚴和三輩往生（蓮花化生）幾個重要的情節或場景。敦煌比較完整的無量壽經變是見於莫高窟的初唐第 220 窟南壁的通壁大畫，學界最早將此經變定為阿彌陀經變，從廣義上來說應該無錯，但從所本原經及具體情

29　《高僧傳》卷一《康僧會傳》。

30　湯用彤：《漢魏兩晉南北朝佛教史》，崑崙出版社 2006 年版，第 126 頁。

節上來看，則應為無量壽經變。

支道林的《阿彌陀佛像贊並序》分「序」「贊」兩個部分，「序」是對讚的解説，「贊」是對經變的描摹；「序」「贊」結合即可清楚理解支道林所謂「圖立神表」的完整畫面。所描述的圖畫，基本上包括了後來無量壽經變的大部分內容，現分述如下：

1.説法圖

以阿彌陀為主尊的「西方三聖」（説法圖）繪製於整部經變正中，周圍是無量壽佛國的菩薩、聲聞以及十方佛國到無量壽佛跟前聽法的菩薩眾。支道林「序」中的描寫是：「眾妙於茲大啟，神化所以永傳。」至於法會盛況，文中有更為詳盡的敘述。支道林像贊序曰：「國無王制斑爵之序，以佛為君，三乘為教。」

「三乘」可指聲聞、緣覺、菩薩三乘，亦可指大乘、中乘、小乘。此處的「三乘為教」應為經、法、僧三寶。關於阿彌陀佛的神態，在「贊」中又做了進一步的描述：「皇矣正覺，實兼宗師。泰定軫曜，黃中秀姿。恬智交泯，三達玄夷。」其神態安詳與日月同輝，慈眉善目，居於畫的正中。胸懷大智而內德英發；恬靜與心智相交融，洞明世間眾蒼生。至於眾菩薩的神態，則是：「空有同狀，玄門洞開。詠歌濟濟，精義順神。玄肆洋洋，三乘詵詵。藏往摹故，知來惟新。」彌陀説法猶如打開了通向西方極樂世界的大門，所以有眾菩薩前來聽法。阿彌陀佛結説法印端坐在蓮花座上，觀音和大勢至兩位大菩薩脅侍左右，周圍有眾多菩薩繞坐，這是支道林對「説法圖」及眾多菩薩的完整描述。同是支道林所做像贊，《釋迦文佛像贊並序》中對釋迦佛的描述非常直接具體：

　　昔姬周之末有大聖號佛，天竺釋王白淨之太子也。俗氏母族，厥

姓裒曇焉。仰靈胄以丕承，藉乃哲之遺芳。吸中和之誕化，稟白淨之
浩然，生自右脅，弱而能言。諒天爵以不加為貴，誠逸祿以靡須為
足……明明釋迦，寔惟帝先。應期叡作，化融竺乾。交養恬和，濯粹
沖源。邁軌世王，領宗中玄。堂堂洪摸，揭秀員靈。[31]

　　由此可以看出，支道林所寫「像贊序」的特點，「序」交代了描摹
阿彌陀像的大意，「贊」則用更文雅的辭藻做進一步的稱頌，即「詠言
不足，遂復系以微頌」。

2. 淨土莊嚴

　　關於「安養國」的「淨土莊嚴」，早期造像因為情景大多比較簡
單，所以表現較少。前述見於支道林同時代的其他造像，史料或記為
「無量壽像」或記為「無量壽及脅侍菩薩」等。四川成都萬佛寺的造像
碑上部和莫高窟第 220 窟南壁無量壽經變的上部均有寶樓宮殿，虛空寶
網、天音舞樂甚至飛天等圖像和情景。與同時代的其他同類造像相
比，支道林像贊對「淨土莊嚴」中這一情節有惟妙惟肖的描述。其
「序」曰：「園囿池沼，蔚有其榮。飛沈天逸於淵藪，逝寓群獸而率
真。闡閩無扇於瓊林，玉響天諧於簫管。冥霄隕花以闇境，神風拂故
而納新。甘露征化以醴被，蕙風導德而芳流。聖音應感而雷響，慧澤
云垂而沛清。」飛鳥蟲魚任其自然之性而生活在各自的天地裡；習習和
風輕拂寶樹；空中的樂器「不鼓自鳴」；漫天鮮花紛紛飄落，佛法如甘
露遍撒；聽法眾如醍醐灌頂。

　　關於「淨土莊嚴」的亭台樓閣等建築，支道林在「贊」中做了更
為細緻的描繪：「造化營域，云构巍峨。紫館辰峙，華宇星羅。玉闓通

31　《廣弘明集》卷十六。

方，金墉啟阿。景傾朝日，豔蔚晨霞。神堤回互，九源曾深。浪無筌忘，鱗罕餌淫。澤不司虞，駭翼懷林……葳蕊霄散，靈　掃英。瓊林喈響，八音文成。」從這裡可以看出，支道林所描摹的這幅圖像與《無量壽經》所敘述的幾乎完全一樣。

《無量壽經》在敘述法藏比丘修成的西方淨土時講：

應時普地六種震動，天雨妙花以散其上，自然音樂空中贊言。其佛國土自然七寶（金、銀、琉璃、珊瑚、琥珀、硨磲、瑪瑙）合成為地，恢廓曠蕩不可限極。悉相雜廁，轉相入間。光赫焜耀，微妙奇麗。清淨莊嚴超逾十方一切世界。

又其國土，七寶諸樹周滿世界……行行相植，莖莖相望，枝枝相準，葉葉相向，花花相順，實實相當。榮色光曜，不可勝視。清風時發，出五音聲。微妙宮商自然相和。又無量壽佛，其道場樹高四百萬里，其本週圍五千由旬，枝葉四布二十萬里，一切眾寶自然合成，以月光摩尼持海輪寶眾寶之王而莊嚴之。周匝條間垂寶瓔珞，百千萬色種種異變。無量光炎照曜無極，珍妙寶網羅覆其上，一切莊嚴隨應而現。微風徐動，出妙法音，普流十方一切佛國。其講堂、精舍、宮殿、樓觀，皆七寶莊嚴，自然化成。

在描述淨土莊嚴的同時，支道林又講到了佛與菩薩的「功德莊嚴」，即「有客驅徒，兩埋機心。甘露敦洽，蘭蕙助聲。化隨云濃，俗與風清」。《無量壽經》記載：「彼佛國中，諸聲聞眾身光一尋，菩薩光明照百由旬。有二菩薩最尊第一，威神光明，普照三千大千世界。阿難白佛：彼二菩薩其號云何？佛言：一名觀世音，二名大勢至。是二

菩薩，於此國土修菩薩行，命終轉化，生彼佛國。」

　　傳統的無量壽經變中，彌陀三尊身後均為多寶裝飾的宮殿樓閣，表現極樂世界的莊嚴自在，正合了支道林像讚的描述。正因為「安養國」有如此莊嚴，所以十方佛派眾菩薩前來赴會，誠如《阿彌陀經》所言：「極樂國土成就如是功德莊嚴」，「寶樹天花，咸能演法，清風流水，俱說妙音」，所以東方、南方、西方、北方、上方、下方的佛，都在「讚歎阿彌陀佛不可思議功德之利」。

3.三輩往生（蓮花化生）

　　往生西方極樂淨土是《無量壽經》的重要內容之一，因此，除早期的單身無量壽佛或以彌陀為中心的西方三聖造像外，後來逐步趨於完整的該類經變都包含了三輩往生的情節。

　　《無量壽經》載：「諸有眾生聞其名號（阿彌陀佛），信心歡喜，乃至一念，至心回向願生彼國，即得往生，住不退轉。」即：凡娑婆世界眾生只要一心唸佛名號，即可往生並不退轉。又云：「十方世界諸天人民，其有至心願生彼國，凡有三輩。」三輩之人均發菩提心，一向專念無量壽佛，願生彼國者，「此諸眾生於七寶花中自然化生，加趺而坐，須臾之頃，身相光明，智慧功德如諸菩薩，具足成就」。

　　支道林像讚「序」敘述了「安養國」及「阿彌陀佛」之後，首先描寫的就是這一情節。「男女各化育蓮花之中，無有胎孕之穢也。」「讚」中有「孕景中葩，結靈幽芳」的描述。《佛說無量壽經》：「若有眾生，明信佛智，乃至勝智，作諸功德，信心回向，此諸眾生，於七寶花中自然化生。」這一點與《觀無量壽經》所講的「九品往生」從本質上來說是一樣的，都是通過「蓮花化生」而「往生淨土」。不同之處是，《觀無量壽經》講「上、中、下三品」，又將「三品」按照唸佛人智慧功德深淺的不同，每品又分為上、中、下，共「九品」。這是從佛

經和情節區分兩種經變的重要依據。

　　儘管支道林所描繪的圖像已無法看見，但從現存比較完整的無

量壽經變仍可看出，樓台亭閣、説法圖、寶池蓮花是西方淨土變不可或缺的重要情節之一。四川成都萬佛寺出土的淨土變相中有這些圖像，莫高窟初唐第 220 窟的南壁的無量壽經變中也有這些圖像。

　　從《阿彌陀佛像贊並序》所描述內容來看，支道林所依據的佛經應是《無量壽經》，其「乃因匠人圖立神表，仰瞻高儀，以質所天」的這幅「阿彌陀佛像」，實際上是一幅在當時比較完整的無量壽經變畫。像贊所描寫的彌陀説法、淨土莊嚴和三輩往生（蓮花化生）等情節和內容，比同時代只塑（繪）的無量壽（阿彌陀）或「一佛二菩薩」情節豐富了很多，表現了西方淨土變最重要的中心情節。從這一點來說，其所描寫的應是中國最早的一幅無量壽經變，也應該是後來西方（各種）淨土變（包括無量壽經變）的藍本。

　　　　　　（署名陳明、施萍婷，原載《敦煌研究》2010 年第 1 期）

新定阿彌陀經變

——莫高窟第 225 窟南壁龕頂壁畫重讀記

一

　　按佛教的說法，佛有過去佛、現在佛、未來佛，乃至有千佛、萬佛、無量無數佛。阿彌陀佛屬於「現在佛」。「阿彌陀佛」，在當今的中國，可算是家喻戶曉——連小孩子都知道。因為電視劇《西遊記》裡那個唐僧，動不動就說「阿彌陀佛」。其實，即使在古代，阿彌陀佛也是人們的「最愛」。在無數佛中，為什麼阿彌陀佛如此深入人心？唐代白居易就曾有過精闢的解釋：

　　諦觀此娑婆世界微塵眾生，無賢愚，無貴賤，無幼艾，有起心歸佛者，舉手合掌，必先向西方；有怖厄苦惱者，開口發聲，必先念阿彌陀佛。又，範金合土，刻石織文，乃至印水聚沙童子戲者，莫不率以阿彌陀佛為上首，不知其然而然。由是而觀，是彼如來有大誓願於此眾生，此眾生有大因緣於彼國土明矣。不然者，東南北方，過去、

現在、未來佛多矣，何獨如是哉！[1]

　　白居易這段話的意思是說：他審視現實社會中像「微塵」那樣多的人，不論老少賢愚，凡信佛者，禮拜必先向「西方」；遇險、遭難，張口必先念「阿彌陀佛」；鑄、塑、繪、繡佛像，甚至小孩玩沙子，都以阿彌陀佛為「首選」。由此看來，之所以如此，就是因為：

　　阿彌陀佛成佛前，發 48 個大願救度眾生，而廣大眾生與極樂世界

　　有緣。否則，過去佛、現在佛、未來佛、十方佛，佛多得很，為什麼偏偏如此呢？白居易不僅說出了普遍信仰阿彌陀佛的原因，還說明了當時用各種手段、形式製造阿彌陀像的盛況。

　　《阿彌陀經》共有二譯[2]：二譯皆存，即鳩摩羅什譯於 402 年的《佛說阿彌陀經》和玄類譯於 650 年的《稱讚淨土佛攝受經》。從敦煌遺書來看，僅據《敦煌遺書總目索引》的統計，《阿彌陀經》有 133 件，而《稱讚淨土佛攝受經》只有 2 件，由此可見敦煌流行的是鳩摩羅什譯本。不僅如此，據我考察，敦煌壁畫中的阿彌陀經變也是據鳩摩羅什譯本繪製的。因為從內容上說，兩個本子最大的不同就是：鳩摩羅什譯本說到「鳥宣道法」時，鳥有白鶴、孔雀、鸚鵡、舍利、迦陵頻伽、共命之鳥，而玄類譯本則為鵝、雁、鷺鷥、鴻鶴、孔雀、鸚鵡、羯羅頻迦、命命鳥。鵝、雁，是最大的不同。還有，「六方護念」，玄類譯本是「十方佛」讚歎。

　　《阿彌陀經》主要講：釋迦牟尼佛在舍衛國祇樹給孤獨園主動說法[3]，說法內容可概括為兩部分：一是「極樂國土」的「功德莊嚴」；一

1　《畫西方幀記》，《全唐文》卷六七六。

2　有的經目說，求那跋陀羅譯過《小無量壽經》，即為《阿彌陀經》，此事不實。

3　隋智顗在《阿彌陀經義記》中說：「余經皆有請主，此經無問自說。

是「六方護念」。所謂極樂國土的功德莊嚴，就是指「西方極樂世界」如何美妙無比。所謂「六方護念」就是指東、南、西、北、上、下，各方的無數佛都來「稱讚不可思議功德」，而且證明釋迦牟尼說的阿彌陀經是「真實不虛」的，應當相信的。所以《阿彌陀經》的另一名稱是《稱讚不可思議功德一切諸佛所護唸經》，簡稱《一切諸佛所護唸經》。《阿彌陀經》全經才 1858 字，光說「六方護念」就用了 523 字，占 28% 強。說明釋迦很希望大家都來信仰此經。這部分經文，除了佛的名字不同以外，各方佛的「讚詞」都是一模一樣的。正因為如此，所以經變畫中，凡阿彌陀經變幾乎沒有表現「六方護念」。這個問題，我們只要看一下經文就很好理解。下面所引經文，「六方」佛說的一字不差，經云：「如是等恆河沙數諸佛，各於其國，出廣長舌相，遍覆三千大千世界，說誠實言：汝等眾生當信是稱讚不可思議功德一切諸佛所護唸經。」[4]佛教好說大話，而且往往無以復加。這「遍覆三千大千世界」的「廣長舌相」是不可能進入佛教藝術的。所以，從經變畫來看，阿彌陀經變描繪的主要是佛講經說法的場面和美妙肅穆的「極樂國土」。

二

莫高窟第 225 窟是一個中型偏小的盛唐洞窟，是盛唐時代較為少見的南、西、北三壁開龕的窟。北壁龕內塑釋迦涅槃像（尚存），表示

4　智者大師（智顗）是第一個為《阿彌陀經》作註疏的人，有些地方註疏不厭其煩，而對「六方護念」，他在他的《阿彌陀經義記》中，引完了「六方護念」全部經文之後才說：「‘如我今者’下，引證勸。非我獨嘆彼依正，勸物往生，六方諸佛，皆悉勸發，稱揚讚歎，恆河沙數各於其土往生彼國。」簡直有點文不對題。至於「廣長舌相」，他不置一言。

「過去佛」；南壁龕內塑像已毀，從龕頂壁畫阿彌陀經變而知原為阿彌陀佛，表示「現在佛」[5]；西壁龕內存倚坐佛一身、弟子二身、菩薩一身，表示「未來佛」。整個洞窟是「三世佛」的佈局。

第 225 窟南壁龕頂這幅壁畫，史葦湘先生當年編《敦煌莫高窟內容總錄》時，定為「說法圖一鋪」。[6] 1987 年中日合出《中國石窟.敦煌莫高窟（三）》第 168 圖為此圖，定名為「西方淨土變」。其圖版說明中，雖出現了「阿彌陀經變」的提法，但概念仍然不清。[7] 1989 年，天津人民美術出版社出版《中國壁畫全集·敦煌 6·盛唐》時，史葦湘先生參與撰寫該卷的圖版說明，其時改稱為「一幅小型西方淨土變」[8]。

盛唐時代，是敦煌觀無量壽經變的鼎盛時期。至於阿彌陀經變只有第 225 窟南壁龕頂這一鋪。全圖都處於彩云之上，色彩濃豔（圖 1）。正中是智顗、吉藏所謂的「依正二報」中的「正報莊嚴」，[9]其實就是「說法圖」：阿彌陀佛兩手作轉法輪印，觀音、大勢至相對合掌對坐，周圍有聽法菩薩，佛相莊嚴肅穆，菩薩形貌端莊嫻靜而妙好；天上「天花亂墜」；箜篌、腰鼓、雞婁鼓、古琴、排簫、琵琶等樂器迎風奏鳴；白鶴、孔雀、鸚鵡、迦陵頻伽全都展翅飛翔；三尊及眾多菩薩坐於珍珠鋪地的寶地上，其身後的大殿連接回廊、樓閣；七寶池內蓮花盛開；七重行樹與七重羅網結合（七重羅網在說法圖前面，七重行樹在眾菩薩身後）。

---

5 阿彌陀佛是「現在佛」，見鳩摩羅什譯《十住毗婆沙論》卷二《地相品》；《鳩摩羅什法師大義》卷二。

6 文物出版社 1982 年版，第 70 頁。

7 第 168 圖圖版說明，文物出版社 1987 年版，第 236 頁。

8 《中國壁畫全集·敦煌 6.盛唐》第 109 圖圖版說明，天津人民美術出版社 1989 年版，第 37 頁。

9 關於「依正二報」，請參見拙作《關於敦煌壁畫中的無量壽經變》一文，《敦煌研究》2007 年第 2 期。

▲ 圖 1　第 225 窟　南壁龕頂阿彌陀經變

　　唐窺基是為鳩摩羅什譯《阿彌陀經》作註疏的第二人。他甚至作了一簡一繁兩次註疏，簡者一卷，繁者三卷共 32284 言，是《阿彌陀經》的 17 倍多。

　　窺基，字道洪，俗姓尉遲，出家前，原是將門之子——唐開國大將尉遲敬德的侄子，父親尉遲敬宗也是一員大將。他出家後，先被玄奘看上，後「奉敕為奘師弟子」[10]，他的註疏無疑是很知名且在社會上有很大影響的。我想，莫高窟第 225 窟南壁龕頂的這幅阿彌陀經變可以為窺基《阿彌陀經通贊疏》的社會影響作一佐證。他在「廣明淨土」時註疏：

　　文分為二，初明國土莊嚴，二辨佛身功德。初文分八：第一，樹飾四珍；第二，池嚴眾寶；第三，空盈天樂；第四，地布黃金；第五，花雨長天；第六，人遊諸國；第七，鳥吟妙法；第八，風吹樂

10　詳見（宋）贊寧等撰《宋高僧傳》卷第四。

音。[11]

　　他説的「國土莊嚴」這八條，不正是我們第 225 窟阿彌陀經變的寫照嗎？我請馬玉華同志將經變全圖，用套疊的形式，分別繪製了四張線圖，以通讀此畫。

　　窺基的阿彌陀佛「國土莊嚴」八條，是按經文順序排列的。又，阿彌陀經也好，窺基的簡本《阿彌陀經疏》也好，佛及菩薩等的「莊嚴」，屬於「依正二報」中的「正報」，放在「依報」之後，也就是説，經、贊都是先説極樂世界如何美妙，再説佛和菩薩等如何神通。藝術家把「經」變成畫，必然有構圖上的考慮。敦煌壁畫中的經變畫，「中軸線」問題是畫家考慮「經營位置」的首選問題。阿彌陀經變也不例外。因此解讀第 225 窟此畫，我得先從「正報」即從「説法圖」説起。此鋪説法圖（圖 2）只有一佛、二大菩薩、十位小菩薩，這是它與眾不同的一大特點——人數特少。它固然與此畫是盛唐時期最小的阿彌陀經變有關，但也不盡然，我曾設想，如果需要，完全可以在大菩薩（觀音、大勢至）座前再畫一位小菩薩。但仔細審視，已經是恰到好處：因為佛及大菩薩面前，有經文描寫的「極樂世界」的開頭，經云：「極樂國土，七重欄楯，七重羅網，七重行樹，皆是四寶周匝圍繞，是故彼國名為極樂。」「問：欄楯、羅網、行樹，何故各有七重，更無增減？答：表生歸彼國，得七覺支故。」[12]「欄楯」與「羅網」，窺基都有解釋：「橫曰欄，豎曰楯，欄檻也。」「七重羅網者，……金縷結成眾寶飾。」並進一步引《瑞相經》云：「無量寶網，皆以金縷、真珠、

11　（唐）窺基《阿彌陀經通贊疏》卷中。

12　關於「七覺支」，按佛家的解釋，可以集成一篇長文。簡單地説，就是七種修道法。詳見《阿毗達摩大毗婆沙論》卷九六。

百千雜寶、奇妙珍異，莊嚴校飾，周匝四面，垂以寶鈴，光色晃曜，盡極嚴麗。」[13]我們再來看此圖的「七重欄楯，七重羅網」可說是莫高窟最有特色的表現方法（圖3），請用仰視的角度看，（在彩云之上，佛及眾菩薩前）占整個畫面約三分之一的七重羅網，由於透視處理，能見三層：第一層，觀者能見四角，每角一顆放光的寶珠；第二層只能看見二角，各有一顆放光寶珠；第三層，正中多一顆放光的寶珠，它代表七重羅網的頂端。在第一層，透過羅網，我們能看見正中是一朵「大如車輪」的蓮花。「橫曰欄，豎曰楯」，每一層的橫欄，有著不同的顏色，其上點綴著許多小珠，邊沿鑲嵌著密密麻麻的珠子，極盡奢華。豎曰楯，看來放光的大珠就代表「楯」的柱頭了。最可注意者為「羅網」：以金縷為線，編織成網狀，網邊是半月形，綴以各種「雜寶」；像流蘇一樣的東西是「筒」狀的，用各種雜寶連綴而成，寶鈴下垂。我們可以想像到這樣的風景：微風一吹，羅網飄拂，寶鈴叮咚，的確是「光色晃耀，盡極嚴麗」。

▲ 圖2　說法圖

13　（唐）窺基：《阿彌陀經通贊疏》卷中。

▲ 圖 3　七重羅網、七重寶樹、寶池蓮花

　　窺基說的「樹飾四珍」，就是經文中的「七重行樹」。他引《瑞相經》云：

　　其國有七寶諸樹，周滿世界。謂有二寶乃至眾寶所共合成。如金樹則以銀為枝、葉、花、果；銀樹以金為枝、葉、花、果，乃至有紫金為本，白銀為莖，琉璃為枝，水精為條，珊瑚為葉，瑪瑙為花，硨磲為實 行行相對，枝枝相映，葉葉相顯，榮色光曜，不可勝視。清風時時發出五音聲，微妙宮商自然相振。

　　在敦煌壁畫中，自有淨土變以來，這「七重行樹」，無量壽經變、阿彌陀經變多用菩薩身後左右各一樹來表現，而觀經變則用七棵樹或幾棵樹來表現。又由於經文沒有說樹上「有五百億妙花宮殿」（《觀經》）或「微風徐動，吹諸寶樹，演出無量妙法音聲，其聲流布遍諸佛國」（《無量壽經》），因而樹上沒有宮殿。這也是阿彌陀經變區別於觀經變與無量壽經變的標誌之一。第 225 窟的「七重行樹」，在說法圖的背

後，左右各一（亦見圖3）：樹冠上，樹葉如花，重重疊疊，也有七重羅網。樹葉的重重疊疊，也可以表示「七重行樹」，因為智顗的《阿彌陀經疏》解釋「七重行樹」就說是「樹有七重」。

「池嚴眾寶」是窺基說的「國土莊嚴」的第二條。經云：

極樂國土，有七寶池，八功德水充滿其中，池底純以金沙布地，四邊階道，金銀、琉璃、玻　合成，上有樓閣，亦以金銀、琉璃、玻　、硨磲、赤朱、碼磌而嚴飾之，池中蓮花大如車輪，青色青光，黃色黃光，赤色赤光，白色白光，微妙香潔。

在「淨土莊嚴」八條中，窺基又對「池嚴眾寶」解釋得特別多，說是：「又分為七：第一七寶池深，第二八德水滿，第三金沙作地，第四玉砌成階，第五朱閣凌空，第六寶蓮覆水，第七結成極樂。」第225窟阿彌陀經變的七寶池，在畫面的最下部。橫寬縱深窄的七寶池畫面，被大型的「七重羅網」所覆蓋，分成了東、西兩小塊，很有被忽略的可能。但仔細一看，七寶池仍然富麗多彩：（仍請見圖3）池岸用七彩寶磚砌成；各種顏色的蓮花，競相開放；池的兩側，從水中伸出兩具寶幢，幢各四層，色彩鮮豔，從它的高度可見「七寶池深」，這可說是畫家智慧的一筆。

按經文，七寶池「上有樓閣」。這是莫高窟壁畫淨土變中最常見的。但此畫的樓閣建在「寶地」上。窺基的八條之四為「地布黃金」，此畫有忠實的表現：水池的左右上角，有一片金黃色與白色相間的小圓點，這就是「地布黃金」（請見原圖，由於太瑣碎，插圖未畫）。窺基的「朱閣凌空」就在這塊寶地上（請見圖4）：把說法圖放在樓台亭閣之間，這是淨土變（包括彌勒淨土、東方藥師淨土、西方淨土）的

傳統表現方法，此畫也用此法。在黃金鋪就的地面上，大殿、偏殿高
聳巍峨。值得一提的是：大殿與偏殿之間，有虹橋相連，而且是有遮
簷的廊橋。儘管説法圖擋掉了部分虹橋，但其餘部分仍清晰可見，色
彩鮮豔。

▲ 圖4　寶樓閣

　　現在，窺基的八條還有「空盈天樂」「花雨長天」「鳥鳴妙法」「風
吹樂音」四條，正好是淨土變的最上部——日本學者稱之為「虛空
段」。由於壁畫畫在龕頂，拍照時透視現象比較嚴重，效果有點遺憾
（圖5）。「空盈天樂」和「風吹樂音」作成畫，就是各種樂器拴上飄帶
在天上飛行。圖中有琵琶、排簫、箏、腰鼓（右上方）、篳篥、雞婁
鼓、箜篌（左上方）。在這些樂器中，有兩件是敦煌壁畫中的代表作：
一是腰鼓，一是箜篌。敦煌音樂研究專家鄭汝中先生説：「這是敦煌壁
畫中典型的腰鼓形象，鼓身細腰，兩端如兩個碗底部對接而成，鼓皮
兩端以繩收束，使皮膜繃緊。」「這具箜篌邊框彩繪圖案精美，琴身底
部墜有飾物，在綵帶和團花的簇擁下更顯華麗。」[14]我之所以要引用鄭

14　見《敦煌石窟全集16.音樂畫卷》第200圖，香港商務印書館2000年版，第227頁。

先生的評語，是因為第 225 窟此畫，在敦煌莫高窟是一幅小畫，而敦煌壁畫中的腰鼓、箜篌不計其數，能被選入《敦煌石窟全集》，就像在咱們中國人當中被「選美」選中，我為它們高興！至於按佛教的說法，這些飛舞的天樂，「不撫而韻，弦出無量法化之聲，聽發慈心，聞便悟道」，就不是我們這些凡人所能解釋的了。

▲ 圖 5　天樂、花雨、寶鳥

說到「花雨長天」，由於畫面太小，雖然不能像其他洞窟一樣，由飛天任意飛撒，但也不缺大花、小花、單瓣花、重瓣花紛紛下落，也就難為畫家了。

也許是功德主的要求，也許是畫家的擅長，也許是經文特別強調「鳥鳴妙法」就是「阿彌陀佛欲令法音宣流，變化所作」，在有限的空間中，「鳥」表現得很充分。經云：「彼國常有種種奇妙雜色之鳥，白鶴、孔雀、鸚鵡、舍利、迦陵頻伽、共命之鳥，晝夜六時出和雅音，其音演暢五根、五力、七菩提分、八聖道分如是等法，其土眾生聞是音已，皆悉唸佛、唸法、念僧。」畫面上有迦陵頻伽、鸚鵡、白鶴（右上方）、舍利（俗稱八哥）、又一迦陵頻伽、孔雀（左上方），尤其值得一提的是，飛翔的白鶴等動作特大，給人以「鳴叫」的感覺。有一首唐人的《寶鳥贊》是這樣寫的：

極樂莊嚴間雜寶，實是希奇聞未聞。
寶鳥臨空贊佛會，哀婉雅亮發人心。

晝夜連聲無有息，文文句句理相同。

或說五根七覺分，或說八聖慈悲門。

或說他方離惡道，或說地獄封人天。

或說散善波羅蜜，或說定慧入深禪。

或說長時修苦行，或說無上菩提因。

菩薩聲聞聞此法，處處分身轉法輪。

願此法輪相續轉，道場眾等益長年。

眾等回心生淨土，手執香花往西方。[15]

在結束此文前，有一件事似乎得略作交代：在無量壽經變、阿彌陀經變、觀無量壽佛經變的說法圖中，往往無弟子。這一現象，絕不是畫家的隨意性所致，而是與大乘經典《無量壽經優波提舍願生偈》的出現有關。這是一件大事，我將另撰專文論述。

（原載《敦煌研究》2007 年第 4 期）

15　善導集記《安樂行道轉經願生淨土法事贊》下卷。

金光明經變研究

　　金光明經變，就筆者目前所知，僅見於敦煌莫高窟。唐以前，畫史不見記載。張彥遠《歷代名畫記》卷三記載長安淨土院東南角有吳道子弟子李生畫金光明經變。黃休復《益州名畫錄》捲上記載蜀人左全寶歷年間（825—826）曾於成都極樂院西廊下畫金光明經變相。上述二處均為壁畫，早已蕩然無存。傳世絹畫似乎未見公佈何處有收藏。1908 年，伯希和曾拍攝過莫高窟個別洞窟的金光明最勝王經變，1902—1924 年出版《敦煌石窟》一書（6 冊），發表伯編第 19 窟（敦編第 158 窟）、伯編第 118 窟（敦編第 55 窟）兩幅照片，但沒有說明它是什麼內容。1937 年日本學者松本榮一發表巨著《敦煌畫乃研究》時，對金光明經變只列了畫史所載之兩條材料，至於附圖和研究，則付之闕如。可見，當年松本榮一先生亦未能識別。因此，從文化史的角度看，莫高窟的任何一幅金光明經變都是傳世的珍貴文物。本文將首次系統地探討敦煌壁畫中的金光明經變。

一

　　《金光明經》前後六出，¹現行刊本為三種，即《金光明經》《合部金光明經》《金光明最勝王經》。三經內容多寡不一，文字亦有差異，容易分辨，但把「經」變成「畫」，只有依據榜書和繪製時代才能區別。調查結果表明，莫高窟既有金光明經變，又有金光明最勝王經變，通稱金光明經變，共 11 鋪，即：

　　第 417 窟窟頂（隋）

　　第 158 窟東壁北側（中唐）

　　第 133 窟北壁東側（中唐）

　　第 154 窟東壁南側（中唐）

　　第 154 窟南壁西端（中唐）

　　第 143 窟東壁南側（晚唐）

　　第 196 窟南壁東端（晚唐）

　　第 85 窟東壁南側及門頂（晚唐）

　　第 138 窟北壁西端（晚唐）

　　第 156 窟主室東壁南側（晚唐）

　　第 55 窟東壁南側（宋）

　　其形式粗分可有 5 種：

　　1. 橫捲式：只有 1 鋪，即第 417 窟（隋）頂部人字披畫《流水長者子品》和《捨身品》。

1　1.北涼曇無讖譯《金光明經》，18 品，4 卷。2.北周稱藏「續演《壽量》《大辯》二品，分為五卷」。3.梁真諦「更出四品，謂《三身分別品》《業障滅品》《陀羅尼最淨地品》《依空滿願品》，通前十八，成二十四，分為七卷」。4.隋志德「復出《銀主陀羅尼囑累品》」。5.隋寶貴合諸家譯本，分為 8 卷，「品部究足，始自乎斯」。6.唐義淨譯《金光明最勝王經》。

2. 上部西方淨土、下部屏風式：第 158、133 窟各 1 鋪。

3. 中間西方淨土、兩邊條幅式：第 154 窟 2 鋪、第 55 窟 1 鋪。兩邊的條幅畫《長者子流水品》和《捨身品》。

4. 西方淨土式加《捨身品》：第 85、138 窟各 1 鋪。

5. 西方淨土式：第 143、156、196 窟各 1 鋪。

嚴格地說，金光明經變幾乎無定式，因為 11 鋪壁畫中，只有第 154 與第 55 窟、156 與 196 窟形式相同，其餘均不相同。即使形式相同的兩鋪，如第 154 窟東壁、南壁，各品安排亦不同；即使是同一品，如《長者子流水品》《捨身品》，內容的多寡、取捨、表現形式也不一樣。但是如果粗略地看，尤其是「金光明會」（即過去稱為說法圖者）部分，又給人千篇一律之感，因為：

首先，除第 158 窟外，中間都有兩塊很大的題記榜書，兩側的小塊榜書嚴格對稱，而這些小榜子就成為界欄，把與會者按不同人物明確分開。

其次，與會者中，有幾種人物位置始終不變，形象不變。例如大辯才天女，三頭六臂（或八臂），位於佛的左手下方上排；大國國王跪於佛左手下方中排；龍王在下排；托塔天王位於佛右手下方香案前；擊鼓婆羅門則始終跪於下排大塊榜子附近（左邊）。

第三，「金光明會」畫成西方淨土式，即樓閣、水榭、平台之中，佛向與會者講《金光明最勝王經》（本來，按《金光明經》佛應在耆闍崛山說法）。

總之，同中有異，異中有同。

二

　　第417窟（隋）窟頂東披畫「薩埵飼虎」，西披畫「流水長者子救魚」，過去定名為故事畫。如把二者聯繫起來看，正名就應為「金光明經變」，前者是《捨身品》，後者是《流水長者子品》。正名的理由有三：

▲ 圖1　流水長者子品　第417窟　隋

　　其一，按照畫面，如此完整的流水長者子救魚的故事，只能依據曇無讖譯《金光明經》。

　　其二，第417窟的兩品，正是後代金光明最勝王經變的主要內容。

　　其三，據敦煌研究院科學排年，此窟繪製於隋滅陳之後，此時《合部金光明經》尚未流行，更何況「合部」此兩品依據的就是曇無讖《金光明經》本。

　　正名的意義在於：它不僅填補了畫史的空白，而且比畫史記載早一個多世紀。

　　此窟東披的《捨身品》只剩殘跡，西披的《流水長者子品》作自左至右、中間突出「救魚」的橫捲式，共七個畫面（圖1，參見示位圖）：

▲ 莫高窟第417窟西披流水長者子品示位圖

1. 畫一座房子，房前跪一人，表示長者帶著兩個兒子「次第遊行城邑聚落」。

2. 畫五個人，有主有從，正注視著奔跑的狼、狐（動物已不甚清楚），表示他們「見諸虎狼狐犬鳥獸多食肉血，悉皆一向馳奔而去」。

3. 三個毗連的水池，各有若干條游魚，長者子流水及其兒子活動其間，一人正往池中注水（省略了大象馱水），表示他們正在救魚使之復活。

4. 一座房子，廳堂內坐著二人，邊廂裡站著一人；房子的另一側，一頭大象伸出大鼻子，堂前站著一人，跪著二人。畫面表示流水長者子派其兩兒選一最大的大象回家，向爺爺奶奶索取食物救魚。

5. 一頭大象，有人牽著，有人趕著，象背上馱著東西和兩個人，表示長者的二位兒子「收取家中可食之物，載象背上，疾還父所，至空澤池」。這就是所謂的「齋魚」。

6. 高樓上，臥睡著一人，兩位飛天正向他飛來；飛天所過之處，花雨繽紛。畫面表示的是：「長者子復於後時賓客聚會醉酒而臥。爾時其地卒大震動，時十千魚同日命終。既命終已，生忉利天。」「爾時十千天子從忉利天下閻浮提，至流水長者子大醫王家。時長者子在樓屋上露臥眠睡。是十千天子，以十千寶珠，天妙瓔珞置其頭邊，復以十千置其足邊……是十千天子，於上空中飛騰遊行，於天自在光王國內，處處皆雨天妙蓮花。」

7. 二子拱手而立，正向一人做報告情況之狀。此即表示國王向長者子詢問「雨天妙蓮花」這一祥瑞之原因，流水答：「我必定知是十千魚其命已終。」並遣二子驗證十千魚是否已經升天，二子回來向其報告果如其父所言。

《金光明經》中的流水長者子救魚的故事，娓娓動聽，向為人們所

熟知。第 417 窟此畫雖為隋代代表作,但過去始終沒有讀懂。比如原來都認為畫面 4 是長者子向國王借象,殊不知樓上睡臥者正是長者子自己。這説明,畫面上的這幢房子,是流水長者於自己的家而不是王宮;堂前跪的一著紅衣一著黑衣的人,是長者的二位公子,他倆是回家取食救魚的。又如畫面 5,原來都認為是「大象馱水」,其實不是,大象馱水多用二象表示(因為經上説的是借了 20 頭大象。用 2 代表 20,用 5 代表 500,這是故事畫中常見的現象),第 154、55 窟均如此。

《流水長者子品》和《捨身品》是《金光明經》中的所謂「大悲接物」部分,[2] 亦即所謂「菩薩依真之行」,[3] 乃該經之要旨。從世俗信仰來説,這兩品故事性強,便於人們接受。因此,第 417 窟金光明經變的取材,説明作者是很有見地的。正由於它便於「聽者悟,觀者信」,後代的金光明最勝王經變也多採用此二品。

隋代出現的維摩詰經變、法華經變、藥師經變、彌勒經變、西方淨土變、涅槃變,初盛唐均有承襲、發展,唯獨《金光明經變》猶如曇花一現。到中唐再次出現時,不獨形式大異,所據經文也不再是《金光明經》,而是《金光明最勝王經》了。

第 158 窟(中唐)是一個進深 7m、南北長 16.5m 的大窟,東壁北側畫金光明最勝王經變,是 11 鋪金光明經變中的恢宏巨製。畫面作橫長方形,上部金光明會部分作西方淨土式,下部屏風 8 扇。由於榜書已全部褪色,下部屏風畫也褪色嚴重,所畫各品品名只能從晚唐、五代同類內容來反證,現在能確定無誤的有《序品》《夢見懺悔品》《四天王護國》《大辯才天女品》《大吉祥天女品》《長者子流水品》《捨身品》,

---

2　智顗:《金光明經文句》卷一。

3　宗頤:《金光明經序》。

可能是但不能完全確定的有《妙幢菩薩讚歎品》《菩薩樹神讚歎品》《付囑品》。

　　大凡大部頭的經，都有序分、正宗分、流通分三部分。以《金光明經》而論，「初品為序，壽量下訖捨身為正，贊佛為流通」[4]。第158窟的金光明最勝王經變完整地表現了這三部分，說明此經變的創作者是一位精通佛學的賢哲，而絕不是只顧「討佈施」的庸僧。由此我們聯想到此窟甬道北壁比真人還高的那位供養人畫像，他的榜題結銜是「大番管內三學法師持鉢僧宜」，他雖不是窟主，但此窟與他有關則是無可置疑的。這位「三學法師」名不見經傳，然而就憑他為我們留下的第158窟壁畫和15.8m的大涅槃像，他已經為自己寫下了不朽之傳記。

　　第158窟金光明最勝王經變是後來這一經變的藍本，不僅「金光明會」中的榜書、與會者的排列等形式不變，就是具體型象如大辯才天女、擊鼓婆羅門、龍王、香象勢力王等，也成了模式。

　　從藝術上來說，第158窟的壁畫，有人們熟知的屬於《涅槃圖》的菩薩、弟子「舉哀」，天龍八部「舉哀」，各國國王及各族王子「舉哀」，與真人等高或比真人還大的像將近90個，個個儀表不同，神態各異，甚至同是號啕大哭，但各不相同。其造型「如以燈取影，逆來順往，旁見側出，橫斜平直，各有乘除，得自然之數，不差毫末」；其線條，或「虯鬚云鬢，數尺飛動，毛根出肉，力健有余」，或「天衣飛揚，滿壁風動」，或「行筆磊落揮霍如蓴菜條」；其敷彩，「於焦墨痕中略施微染」。總之，第158窟壁畫是「神假天造，英靈不窮」的畫聖吳

4　智顗：《金光明經文句》卷一。

道子風格在敦煌的代表作。[5]大像如此,小像也不失「吳家樣」的風味,
如金光明最勝王經變中的擊鼓婆羅門就是一例(圖 2)。

▲ 圖 2 　擊鼓婆羅門第 158 窟 　中唐

中唐時期的金光明最勝王經變尚有第 133 窟北壁 1 鋪,第 154 窟東
壁、南壁各 1 鋪。1 個小窟內畫兩鋪,説明此時流行該經信仰。這 3 鋪
畫面小,且第 133 窟已漫漶不清,製作也比較粗糙,但有 3 點值得一
提:

一是出現了中間為淨土、兩邊條幅式(一邊是《長者子流水品》,

5　此段所有引文出自《歷代名畫記》卷二、卷九,中華書局 1983 年版。

一邊是《捨身品》），故事描述極其簡單。

二是在極其簡單的救魚故事中，強調用樹葉作蔭涼來救魚。三是第154窟大象馱水中的趕象者為吐蕃裝，頭紮布帕，衣為左衽，與第159、133窟維摩詰經變下吐蕃贊普禮佛圖中的人物無異，這是將第154窟的時代定為中唐窟的可靠依據之一。

晚唐的金光明最勝王經變形式增加而內容減少，不再有《流水長者子品》，但《捨身品》卻描繪得有聲有色，內容也比北朝的《薩埵本生》豐富、曲折。尤其值得一提的是第156、85窟壁畫榜書基本清晰（詳見附錄三、四），為我們研究金光明最勝王經變提供了第一手材料。

第156窟是張議潮功德窟，由前室咸通六年的《莫高窟記》而知此窟壁畫繪製於咸通年間（860—873）。東壁南側之金光明最勝王經變，一部分因被煙熏而無法辨認，但大部分完好，為西方淨土式。由於被煙熏，它向來不為人們所重視。此次考察金光明經變，在不同光線下細看榜書，24條榜子竟認清了18條，占75%。通過這些榜書，我們才基本上讀懂了過去所謂的説法圖（正名應為「金光明會」）。如主尊的右下方香案旁，畫一托塔天王，其後有一藥叉侍從，過去很難理解，看了榜書「復有三萬六千諸藥叉眾，毗沙門天王而為上首，悉皆愛樂如來正法，各於晡時頂禮佛足，退坐一面」，因而恍然大悟，它原來就是《序品》中的一個情節。與會者中，有兩幅「四天王」，而且左右對稱，原來不解其意，榜書為我們撥開疑雲，在左者為《滅業障品》，在右者為《四天王護國品》。前者榜書為：「爾時梵釋四天王及諸天大眾□佛言：『世尊，如是經典甚深之義，若現在者，當知如來三十七種助菩提法住世未滅，若是經典滅盡之時，正法亦滅。』佛言：『如是如是。』」從這條榜書可以窺見經變的設計者對經文相當熟悉。後者

榜書為：「爾時多聞天王而贊佛曰：『佛面猶如淨滿月，亦如千日放光明，目淨修廣若青蓮，齒白齊密猶珂雪，佛德無邊如大海，無限妙寶積其中，智慧 德 水 鎮 恆 盈，百千 勝 定咸充滿。』」這是經文《四天王護國品》中的一段偈語。又如：三面八臂（或六臂）菩薩，每鋪金光明最勝王經變都有她，據榜書「爾時大辯才天女於大眾中……」而知其為《大辯才天女品》。這些事例，使我們更進一步認識到，壁畫榜書是敦煌圖像學的入門資料。

第 85 窟是咸通年間任河西管內都僧統的翟法榮功德窟。東壁南側為金光明最勝王經變的「金光明會」部分，有榜子 24 條，現今能辨認榜書者 13 條，占 54%。通過榜書，我們在「金光明會」中又讀懂了《王法正論品》及「如意寶光耀天女」的形象：在「金光明會」的右下方，有一位頭戴寶珠冠的天女，跪於地毯上，合十禮佛，身後有侍從跟隨，榜書為：「爾時如意寶光耀天女於大眾中聞說深法，歡喜踴躍，從座而起，頂禮佛足，右繞三匝，退坐一面。」榜書與經文一致，畫面與榜書一致。

晚唐金光明最勝王經變最有特色的是《捨身品》。第 85 窟門頂的《捨身品》有榜子 14 條。榜書內容全系經文節選。經與畫面核對，第 3 條的位置應與第 5 條對換，佈局才能合理（詳見附錄二）。故事構圖雖不像第 428 窟（北周）那樣做 S 形排列，而參差錯落，基本上還是上中下三排（圖 3）。其佈局有如下之特點：

一是乘騎都安排在上下兩排，使之對稱均衡；一是薩埵飼虎放在畫面的正中，突出重點，這與早期的睒子本生、須闍提太子本生的表現方法是一脈相承的。

▲ 圖3 捨身品第85窟 晚唐

14條榜書及畫面內容如下（請參見榜書示位圖）：

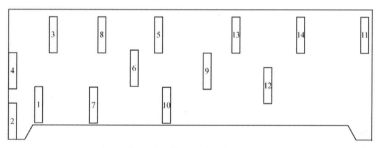

▲ 第85窟《捨身品》榜書示位圖

1. 三王子及隨從乘馬前行。

2. 一隻母虎及五隻小虎。

3. 諸王子「徘徊久之，舍而去」。

4. 三人席地而坐，一人在宣講。按照榜書，是第三王子薩埵獨自思維，意欲飼虎。畫面與榜書稍有不合。

5. 四人乘馬前行，一人回首作交談之狀，意即薩埵請二兄先行，他有事後走。

6. 薩埵脫去上衣準備飼虎，他的馬站立身前。

7. 母虎及小虎，或站或蹲，或匍匐或前撲，表示薩埵（形像已不

清）飼虎而虎噤不能吃。

8. 一座高山，山巔上站著薩埵王子，表示即將投崖喂虎。

9. 五人圍繞著屍骨，三人作禱告狀，二兄則伸開雙臂撲向殘骸。

10. 一群人騎馬正往前走，一人攔住另一人作問詢之狀，意即薩埵之侍從不見主人而問詢尋找。

11. 一座大城，高樓上睡著一人，意即國太夫人夢見種種不祥之事。

12. 許多人騎馬從城裡出來，意即國王及夫人等出城尋找王子。

13. 國王和夫人乘馬前行，一大臣拱手立於馬前，做向國王報告之狀。按榜書，此系第二大臣向國王報告薩埵王子已捨身於餓虎。

14. 一座塔，周圍有僧俗人等供養禮拜。按照榜書，此塔即將「還沒於地」，是故事的終了。

看完整個面畫之後，我們不難發現，此畫雖作上中下三排，但畫家為了活躍畫面，同時又要突出重點，實際上在縱的平面上分成三組安排，即 1—4 為第 1 組，5—10 為第 2 組，11—14 為第 3 組。第 2 組是重點，是高潮。這種佈局，既有繼承，又有創新。其創新部分是值得我們重視的。

第 138 窟的金光明最勝王經變的《捨身品》位於「金光明會」之下，有 20 條榜子，可惜一字無存。其位置及畫面如下：

1. 一佛、二弟子、二菩薩坐於地毯上，香案前跪著菩提樹神，不遠處有一塔。此即佛為大眾說舍利塔的緣起。

2. 一座大城，國王坐於殿上，殿下跪著三位王子（頭戴三股叉式的太子冠）及侍從，表示「有一國王，名日大車……國太夫人誕生三子……」

3. 一群人騎馬出城，表示「是時大王為欲遊觀縱賞山林，其三王

子，亦皆隨從」。

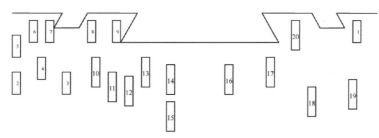

▲ 第138窟《捨身品》榜書示位圖

4. 三位王子及侍從前行，表示「為求花果，舍父周旋」。

5. 五隻小虎引頸向著母虎，母虎與一隻小虎示親暱之態；不遠處，三位王子中的一位用手指著這群老虎，表示諸王子「見有一虎，產生七子，才經七日，諸子圍繞，飢渴所逼，身形羸瘦，將死不久」。

6. 群山之中，一位戴太子冠的人，正在思維，表示薩埵王子準備以身飼虎。

7. 三位王子騎馬離去，表示「徘徊久之，俱舍而去」。

8. 一片竹林，一匹紅鬃、紅蹄白馬，一人裸上身，表示薩埵「還入竹中，至其虎所，脫去衣服，置於竹上」。

9. 一座大山，山下有六虎，其餘畫面不清，應是薩埵投崖飼虎。

10. 一人騎紅馬飛奔而去。

11. 一座大城，有東、南、西、北四座城門，在西門前站立兩人，一匹紅馬。與畫面10結合起來看，應是薩埵犧牲後，他的侍

從「互相謂曰：『王子何在？宜共推求。』」。

12. 榜子畫在大城內，但畫面不清。

13. 同上。

14. 一婦女，似乎剛從睡夢中驚醒而起，應是「國太夫人寢高樓上，便於夢中見不祥相……夫人遂覺，心大愁惱」。

15. 庭前，一人拱手彎腰作稟報狀，一人以手捫額，表示國王得知丟失薩埵。

16. 一群人騎馬出城，迎面一人下馬作稟報狀。表示國王及夫人出城之後，第一大臣前來報告情況。

17. 國王、夫人繼續前行。

18. 二人跪地向國王報告，身後有二馬。結合畫面 17，表示國王及夫人，「路逢二人行啼泣，捶胸懊惱失容儀」。

19. 一群人或坐，或跪，或立，畫面不甚清楚，意即國王及夫人「至菩薩捨身之地，見其骸骨隨處交橫，俱時投地……」

20. 一大塔，有香案供其前，有僧人圍繞，一側站著樂隊，正在奏樂，一側站著國王、夫人、太子（三叉冠）；案旁跪著後宮采女模樣者四人。畫面表示「收取菩薩身余骨，與諸人樂同供養，共造七寶窣堵波」。

此窟《捨身品》內容詳盡，為莫高窟同品之冠，且形式也很特別，表現方法也與眾不同。一個畫面上安排兩座塔，一座表示佛講「緣起」，一座表示佛講「結果」；一座有塔無人，一座僧俗圍繞供養，還有音樂禮讚，完全忠實於佛經。尤其值得注意的是：餓虎、論議、捨身飼虎等這樣一些過去常被重點表現的畫面全退居次要地位，而把王子出遊、國太夫人驚夢、國王及夫人尋子放在突出的位置，畫面也大。這種刻意渲染，不能不使人想到洞窟的主人。此窟北壁西向第 12 身題名：「河西節度使張公夫人後敕授武威郡君太夫人陰氏一心供養。」據敦煌研究院賀世哲同志考證，她可能是金山國太子張承奉的生母。這幅畫的寓意，令人深思。

143 窟為晚唐建造的一個大型洞窟，前室南北寬達 9.7m（東面毀），甬道長 4m、寬 2.4m，主室進深 7.1m（不含龕深）、南北 7.6m，

窟頂正上方崖面還建有一泥塔，可以想見當年的規模一定十分壯觀。主室南北壁各畫三鋪經變，東壁門北畫維摩詰經變。東壁門南畫金光明最勝王經變，存若干榜題，一方題：「□□□帝釋及恆河女神無量梵王□大天眾從座而起右□□。」出自《金光明最勝王經》卷三：「爾時天帝釋及恆河女神，無量梵王，四大天眾，從座而起，偏袒右肩，右膝著地，合掌頂禮，白佛言。」一方題：「……勞地神即於眾……掌恭敬。」一方題：「……長天王□□天王……右肩右膝著地。」見《金光明最勝王經》卷五：「爾時堅勞地神即於眾中從座而起，合掌恭敬。」「爾時多聞天王、持國天王、增長天王、廣目天王俱從座起，偏袒右肩，右膝著地，合掌向佛，禮佛足已，白言。」

　　五代時期，沒有金光明經變。

　　第 55 窟（宋）東壁南側的金光明最勝王經變，形式和內容都承襲中唐（第 154 窟），即中間是「金光明會」，兩邊是條幅，一邊畫的是《長者子流水品》，一邊畫的是《捨身品》。曹氏統治時期的經變為什麼不沿襲張家（晚唐）式樣而採用吐蕃時期的形式，確實是令人深思。

　　從藝術上講，與其他經變一致，此時已是江河日下，徒具形式了。不過，衣冠服飾上，天女戴的是桃形鳳冠，猶如回鶻公主；後宮采女梳的是雙環望仙髻，與供養人一致。看來，時代的風尚是佛國也抗拒不了的。

三

　　考察完金光明經變之後，我腦子裡自然湧現出一些問題，現分述於後，有的是「以釋眾疑」，有的則是求教於專家學者。

　　1. 金光明經變始於隋，但隋代只有一鋪，初盛唐竟然一鋪都沒

有，這一現象應如何理解？

自曇無讖譯《金光明經》之後，北方的流行情況似乎不如南方。自從天台智者大師説《玄義》及《文句》（均為灌頂筆錄），此經乃舉世流通。隋開皇年間，楊廣任揚州總管，智者大師為其授菩薩戒；又，蕭妃病危，大師為其「行金光明懺」，過從甚密。由此可見南方流行此經的一斑。從藏經洞出土的寫經來看，隋以前寫的《金光明經》，有可靠紀年的只有三件，唐以後的則多為《金光明最勝王經》。由此可見北方流行此經的一斑。

大業五年（609），隋煬帝巡遊張掖，沙門慧乘隨從，「（六月）丙午至張掖。帝之將西巡也，命裴矩説高昌王 伯雅及伊吾吐屯設等，啖以厚利，召使入朝。壬子，帝至燕支山，伯雅、吐屯設等及西域二十七國謁於道左，皆令佩金玉，被錦罽，焚香奏樂，歌舞喧噪。帝復令武威、張掖士女盛飾縱觀，衣服車馬不鮮者，郡縣督課之。騎乘嗔咽，周互數十里，以示中國之盛……丙辰，上御觀風殿，大備文物，引高昌 伯雅及伊吾吐屯設升殿宴飲，其餘蠻夷使者陪階庭者二十餘國，奏九部樂及魚龍戲以娛之，賜費有差」[6]，釋慧乘「從駕張掖，藩王畢至，奉敕為高昌王 氏講《金光明》，吐言清奇，聞者嘆咽，布發於地，屈乘踐焉」。此次接駕，不僅在張掖的歷史上，就是在河西的歷史上也是空前絕後的。此事不僅震動中原，而且驚動了西域二十七國。在此歷史背景下，地處中西交通咽喉的敦煌，此時出現金光明經變，就是很自然的事了。也正由於《金光明經》在此不甚流行，「奉敕」講此經而且是給高昌王講經均屬曇花一現之事，所以隋代的金光明經變也就只此一鋪！否則，何以其他經變都有發生、發展，唯獨金光明

6　《資治通鑑》卷一八一，中華書局1956年版，第5644—5646頁。

經變曇花一現，而中唐出現的金光明最勝王經變從內容到形式都當別論而很少繼承？

走筆至此，有一個問題需要說明：按敦煌研究院石窟排年，第417窟可能要早於大業五年（609）。誠然，從繪畫風格上看，似乎比較古樸，但如果把《流水長者子品》的構圖、表現方法與開皇年間的第301、302、303窟的故事畫作比較，再與晚於它的第423窟作比較，就會發現，在藝術上它也是孤例。

2. 由第156、85、55窟的榜書，得出幾個數字，見表1：

表1　莫高窟金光明最勝王經變榜書統計

項目 ＼ 數量（條）窟號	156	85	55
共有榜書	22	37	38
現今能辨認者	18	27	28
其中　經文節錄	9	20	
經文照錄	6	4	3
據經文改寫	3	3	25

表1數字告訴我們，晚唐時代的金光明最勝王經變忠實於經文，因為表中所列的「經文節錄」和「經文照錄」都是忠實於經文的；宋代該經變的榜書則絕大多數是依據佛經內容改定的，這種隨意性正反映人們在自覺地利用宗教。由此而自然聯想到，壁畫榜書不僅能幫助我們正確確定內容，而且能從中看到如何從經典（文）到變相（圖），並進而認識到該時代的政治、經濟、文化是如何作用於佛教藝術的。

3. 據我初步探索，在唐代高僧中，《金光明最勝王經》的譯者義淨對敦煌的影響是最大的。他所譯《無常經》《護命放生軌儀》被用來做

「齋七」，翟奉達為其亡母追福時，頭七用的就是《無常經》，[7]他所譯《藥師琉璃光七佛本願經》《彌勒下生成佛經》《佛頂尊勝陀羅尼經》《金光明最勝王經》，則被用來繪製壁畫。據《貞元新定釋教目錄》卷一三記載，景云三年（712）義淨年老有病，比丘崇勖為他畫像，李旦（睿宗）為他寫《邈真贊》，其中有「緬鑑澄什，實為居最」句，認為義淨超過佛圖澄和鳩摩羅什。從敦煌來看，鳩摩羅什譯經入畫者不如義淨的多。究其原因，不能不說與武則天、中宗、睿宗三位皇帝對義淨備加敬仰有關。《貞元新定釋教目錄》卷一三又記載乾元元年（758）肅宗還在「義淨塔院」置金光明寺，親為題額，「以表譯經之最勝力也」。此時距義淨卒已40多年了。

4. 《金光明經》也好，《金光明最勝王經》也好，《捨身品》裡的餓虎，都是一隻母虎、七隻小虎，乃至《佛說菩薩投身飼餓虎起塔因緣經》也是「見有一虎，產生七子，已經七日」，但繪製成壁畫，除第55窟外，都是六虎（一母虎，五小虎），我百思不得其解。後來，在義淨譯該品中找到瞭解釋，偈語云：「復告阿難陀，往昔薩埵者，即我牟尼是，勿生於異念，王是父淨飯，後是母摩耶、太子謂慈氏，次曼殊師利，虎是大世主，五兒五苾芻，一是大目連，一是舍利子，我為汝等說，往昔利他緣……」七子變成五兒，顯然是矛盾的，曇無讖譯本卻是對的，作「時虎七子，今五比丘及舍利弗，目犍連是」。也就是說，七虎應是五比丘（即驕陳如、頗鞞、跋提、十力迦葉、摩男俱利）及舍利弗、目犍連的化身。但是，經變的創作者偏生取偈語中被義淨弄錯了的內容，把七子變成五兒，這其間必有緣故，只是目前筆者尚

7　參見拙作《敦煌隨筆之三──一件完整的社會風俗史資料》，《敦煌研究》1987年第2期。

不得而知。

5. 第 454、456 窟各有一鋪經變，其形式很像金光明最勝王

經變，調查結果表明，應為梵網經變。人們原不知莫高窟有梵網
經變，這一小小的更改，不僅糾正了錯誤，還為莫高窟藝術增添了新
內容。

附錄一

敦煌莫高窟金光明經變統計表（143 窟未列）

金光明經 品名		417（隋）	金光明最勝王經 品名		158（中唐）	154南壁（中唐）	154東壁（中唐）	133（中唐）	156（晚唐）	85（晚唐）	138（晚唐）	196（晚唐）	55（宋）
1	序品		1	序品	1	1	1	1	1	1	1	1	1
2	壽量品		2	如來壽量品				1	1	1	1	1	1
			3	分別三身品									
3	懺悔品		4	夢見懺悔品	1	1	1	1	1	1	1	1	1
			5	滅業障品					1				1
			6	淨地陀羅尼品									
4	讚歎品		7	蓮花喻讚品									

續表

金光明經 417(隋) 品號	品名	金光明最勝王經 品號	品名	158(中唐)	154南壁(中唐)	154東壁(中唐)	133(中唐)	156(晚唐)	85(晚唐)	138(晚唐)	196(晚唐)	55(宋)
5	空品	8	金勝陀羅尼品									
		9	重現空性品									
		10	依空滿願品					1	1			1
6	四品天王	11	四天王觀察人生品									
		12	四天王護國品	1			1	1	1	1	1	
7	大辨才天神品	13	無染著陀羅尼品									
		14	如意寶珠品					1	1			
		15	大辯才天女品	1	1	1	1	1	1	1	1	1
8	功德天品	16	大吉祥天女品	1	1	1		1	1	1	1	
9	堅牢地神品	17	增長財物品									
		18	堅牢地神品									
10	散脂鬼神品	19	僧慎爾耶藥叉大將品						1			1

續表

金光明經 品名 序號	金光明經 品名	417（隋）	金光明最勝王經 品名 序號	金光明最勝王經 品名	158（中唐）	154 南壁（中唐）	154 東壁（中唐）	133（中唐）	156（晚唐）	85（晚唐）	138（晚唐）	196（晚唐）	55（宋）
11	正論品		20	王法正論品									
12	善集品		21	善生王品									
13	鬼神品		22	諸天藥叉護持品									
14	授記品		23	授記品									
15	除病品		24	除病品									
16	流水長者子品	1	25	長者子流水品									
17	捨身品	1	26	捨身品	1	1	1	1					1
18	讚佛品		27	十方菩薩讚歎品	1	1	1	1		1	1		1
			28	妙幢菩薩讚歎品									1
			29	菩提樹神讚歎品	?		1		1	1	1		1
			30	大辯才天女讚歎品	?		1		1				
19	囑累品		31	付囑品		1							

附錄二：敦煌莫高窟金光明經變形式示意圖

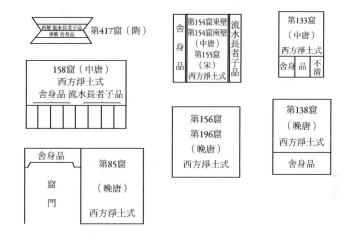

附錄三：莫高窟第156窟金光明最勝王經變榜書、畫面敘錄

　　榜書位於經變下部，分三欄，自上至下，一、二兩欄正中為大塊榜子，字已不清，第三欄正中為舞樂。正因為正中為大塊，猶如界河，所以才使榜書、畫面自然形成上下三欄、左右兩側的佈局。又，每欄的榜書數量、底色均取對稱式（底色錯了一塊，稍有參差），而書寫方式則為在右側者一律左書（從左到右，豎行，下同），在左側者，一律右書（豎行，從右往左，下同。詳見示意圖）。現將榜書，畫面敘錄如下（說明：古代行文都是豎寫。壁畫榜書從左往右寫者，我們稱之為「左書」；從右往左寫者，我們稱之為「右書」）：

　　1. 土紅底色，墨書，左書，文曰：

　　　　復有 梨車毗童子五億 八千，其名曰師（獅）子光童子……各於哺時往詣佛所，退坐一面。

畫面被煙燻黑，不可辨認，由榜書知其為《序品》第一。

2. 土紅底色，墨書，左書，文曰：

　　復有四萬二千天子，其名曰喜見天子、喜悅天子、日光天子、月髻天子、□□天子、□□天子，各於晡時來詣佛所，退坐一面。

畫面為太子模樣五人。文圖相符，應為《序品》第一。

3. 土紅底色，墨書，左書，文曰：

　　……小波龍王、持駛水龍王、金面龍王等而為上首。

畫面被煙燻黑，不可辨認。由榜書而知其為《序品》第一。

4. 土紅底色，墨書，右書，文曰：

　　復有三萬六千諸藥叉眾毗沙門天王而為上首，悉皆愛樂如來正法，各於晡時頂禮佛足，退坐一面。

畫面為毗沙門天王（托塔）、藥叉各一，文圖相符，應為《序品》第一。

5. 土紅底色，墨書，右書，文曰：

　　爾時復有四萬九千阿修羅等□海王等悉皆云集，各於晡時右繞三匝退坐一面。

畫面為手托日月的阿修羅四位，文圖相符，應為《序品》第一。

6. 土紅底色，墨書，左書，文曰：

　　　　爾時諸大國所有〔王〕眾、中宮后妃、淨信男女、人天大眾悉皆云集，咸願擁護無上大乘。

畫面為俗人三人，（一大二小），以表示淨信男女。文圖基本相符，由榜書而知其為《序品》第一。

7. 土紅底色，墨書，右書，文曰：

　　　　爾時會中有婆羅門，名曰法師授記，與無量百千婆羅門眾供養佛已，（聞）世尊說《大般涅槃》，涕淚交流，前禮佛足，白言：「世尊，若實如來於諸眾生有大慈悲，憐愍利益（內容未完而止）。」

畫面為一婆羅門，當即名曰「法師授記」者。文圖相符，應為《如來壽量品》第二。

8. 土紅底色，墨書，右書，文曰：

　　　　爾時會中有婆羅門以杖擊金鼓，於此鼓聲內，說此妙伽他。

畫面為婆羅門擊鼓。文圖相符，應為《夢見懺悔品》第四。

9. 土紅底色，墨書，右書，文曰：

　　爾時天帝釋承佛威福（力），即從座起，白佛言：「世尊，云何善男子、善女人願證無上菩提？」畫面為頭戴冠的天王模樣的帝釋天一身。文圖相符，應為《滅業障品》第五。

10.土紅底色，墨書，右書，文曰：

　　爾時 梵釋 四天王及諸天（大）眾白佛言：「世尊，如是經典 甚 深之義，若現在者 當知如來三十七種助菩提法住世未滅 ，若是經典滅盡之時，正法亦滅。」 佛言 ：「如是如是。」

畫面為四天王。文圖相符，應為《滅業障品》第五。

11.石綠底色，墨書，左書，文曰：

　　爾時 如意寶 光耀天女 於大眾中聞說深法，歡喜踴躍 從座而起

畫面為五位天女席地而坐，最前面的一位形象較大，頭戴大寶珠冠，應為如意寶光耀天女。文圖相符，為《依空滿願品》第十。

12.土紅底色，墨書，左書，文曰：

　　爾時多聞天王而贊佛曰：「佛面猶如淨滿月，亦如千日放光明，目淨修廣若青蓮，齒白齊密猶珂雪，佛德無邊如大海，無 限 妙寶積其中，智慧 德 水鎮恆 盈，百千 勝 定咸充滿。」

畫面為四天王。據榜書應為《四天王護國品》第十二。

13.石綠底色，墨書，右書，文曰：

　　爾時〔執〕金剛密跡王即從座起而白□佛□言□：□「口世□尊，□我□今□亦說陀羅尼神咒，名曰無勝。」

畫面為菩薩裝人物一，據榜書應為《如意寶珠品》第十四。

14.石綠底色，墨書，左書，文曰：

　　爾時 大辯 才 天女於大眾中

畫面為三面八臂菩薩一身，據榜書應為《大辯才天女品》第十五之一。

15.石綠底色，墨書，右書，文曰：

　　爾時大吉祥天女白佛言：「世尊，若有 苾蒭尼 、鄔 波 索迦、鄔波斯迦授持 讀誦 ，佛護其人。」

畫面為天女一身。文圖相符，應為《大吉祥天女品》第十六。

16.土紅底色，墨書，左書，文曰：

　　爾時妙幢菩薩即從座起合掌向佛而說贊 曰 ：「牟尼百福相圓滿，無量功德想（以）嚴身，廣大清靜人樂觀，猶如千日光明照，焰彩無邊光熾盛，如妙寶聚相端嚴。」

畫面為大菩薩一身，小菩薩二身，文圖相符，應為《妙幢菩薩讚

歎品》第二十八。

17. 土紅底色，墨書，左書，文曰：

爾時菩提樹神亦以伽他 贊世尊曰：「敬禮如來清淨慧，敬禮 常求正法慧， 敬禮 能離非法慧， 敬禮恆無分別慧 ， 希有世尊無邊 行 ，希（稀）有難見比優罷。

畫面為一長者模樣之人物，據榜書，應為《菩提樹神讚歎品》第二十。

18. 土紅底色，墨書，右書，文曰：

爾時睹史多天子供（恭）敬說伽陀曰：「佛說如是經，若有能持者，當 住菩提位 ，來生睹史天。」

畫面為俗裝男性五人。據榜書，應為《付囑品》第三十一。

19. 石綠底色，榜書已褪，畫面亦被燻黑。

20. 石綠底色，榜書已褪，畫面為大菩薩一身。

21. 石綠底色，榜書已褪，畫面為不同裝束的男性四人。

22. 土紅底色，榜書已褪，畫面為半裸體、著短褲、無飄帶、怒髮者六人，似為鬼類人物。

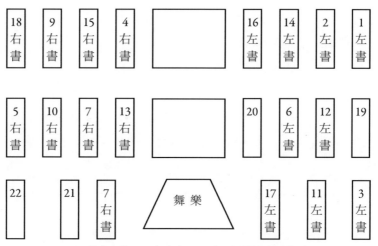

▲ 莫高窟第 156 窟金光明最勝王經變榜書示位圖

附錄四：莫高窟第 85 窟金光明最勝王經變榜書、畫面敍錄

本窟榜書位於金光明會之下，上中下三欄。從上至下，第 1、2 欄的中間是兩塊大榜子，第 3 欄中間是舞樂。以中間為界，又形成左右兩側對稱。榜書底色嚴格對稱。榜書之書寫方式，右側均左書，左側為右書（詳見示意圖），《捨身品》畫在門頂上，其榜書條目多，而且保存基本完好（詳見示意圖）。

現將兩處榜書及畫面敍錄如下：

1. 白底色，墨書，右書，文曰：

復有四萬八（二）千天子，其名曰喜見天子、喜悅天子日光天子、月髻天子，各於晡時往詣佛所，頂禮佛足，退坐一面。

畫面為頭戴蓮花冠之天子四人，圖文相符，應為《序品》第一。

2. 石綠底色，榜書已褪，畫面為天龍八部四人，據第 156、55 窟，應為《序品》第一。

3. 土紅底色，墨書，右書，文曰：

復有三萬六千諸藥叉眾、毗沙門天王而為上首，悉皆愛樂如來正法，各於晡時往詣佛所，退坐一面。

畫面為托塔天王一，藥叉神將一，文圖相符，應為《序品》第一。

4. 土紅底色，墨書，左書，文曰：

復有四萬九千揭路荼王、香象勢力王而為上首，及余乾闥婆、阿蘇羅、緊那羅、莫呼路伽等悉皆云集，咸願擁護無上大乘，讀誦受持，書寫流布，往詣佛所，右繞三匝，退坐一面。

面畫為八部護法神四身，文圖相符，應為《序品》第一。

5. 土紅底色，墨書，左書，文曰：

爾時諸大國王所有中宮后妃、淨信男女人天大眾悉皆云集，咸願擁護無上大乘。

畫面為王者及妃子，文圖相符，應為《序品》第一。

6. 白色大塊榜子，墨書，右書，文曰：

金光明妙法，最勝諸經王，甚深難得聞，諸佛之 境界 ，我當為大眾，宣說如是經。並四方四佛，威神共加 護 ，東方阿閦佛

（尊），南方寶相佛，西方無量壽，北方天鼓 音 。我復演妙法，吉祥懺中勝，能滅一切罪，淨除諸惡 業 ，及消眾苦 患 ，常興（與）無量樂。一切智根本，諸功德莊嚴。眾生身不具，壽命將損減。諸惡相現前，天神皆舍離，親友懷瞋恨，眷屬悉分離，彼此共乖違，珍 財皆散失 ，惡星（心）為變怪，或被邪蠱侵。若復多憂愁，眾苦之所 逼 ，睡眠見惡夢，因此生煩惱。是人當澡浴，應著鮮潔衣。於此妙經王，甚深佛所贊，專注心無亂，讀誦聽受持。由此經威力，能離諸災橫，及餘眾苦難，無不皆除滅。 護世 四王眾，及大臣眷屬，無量諸藥叉，一心皆擁護。大辯才天女、尼連河水神、訶利底母神、堅牢地神眾、梵王帝釋主、龍王緊那羅，及金翅鳥王、阿蘇羅天眾，如是天神等，並將其眷屬，皆來護是人，晝夜常不離。我當說是經，甚深佛行處，諸佛祕密教，千萬卻（劫）難逢。若有聞是經，能為他演說，若心生隨喜，或 設於 供養，如是諸人等，當於無量劫，常為諸天人，龍神所恭敬。此福聚無量， 數過於 恆沙，讀誦是經者，當獲斯功德。 亦為十方 尊 ，深行諸菩薩， 擁護持經者，令離諸 苦難 。供養是經者，如前 澡浴身 ，飲食及香花， 恆起 慈悲 意 。

按：此塊榜子所書寫的是《序品》中偈語之大部，只剩 6 句未抄。其上之大塊石綠底色榜子，榜書無存。

7. 土紅底色，墨書，右書，文曰：

時大會中有婆羅門， 姓驕 陳如，名曰法 師授記 ，與無量百千婆羅門供養佛已。

畫面為大婆羅門一，文圖相符，應為《如來壽量品》第二。

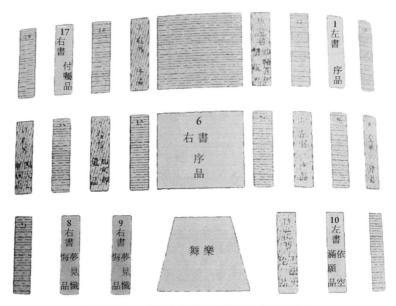

▲ 莫高窟第 85 窟金光明最勝王經變榜書示位圖之一

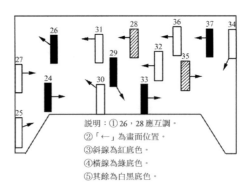

▲ 莫高窟第 85 窟金光明最勝王經變榜書示位圖之二

說明：①26，28 應互調。②「←」為畫面位置。③斜線為紅底色。④橫線為綠底色。⑤其餘為白黑底色。

8.白底色，墨書，右書，文曰：

爾時……恭敬白佛言：「世尊，見婆羅門以手執枹擊妙金鼓，出大聲音，聲中演說微妙伽他，明懺……」

畫面已不清。以榜書對照經文，應為《夢見懺悔品》第四。

9.土紅底色，墨書，右書，文曰：

我於昨夜中，夢見大金鼓，其形極姝妙，周遍有金光，猶如……諸佛，在於寶樹下。……有一婆羅門，以杖擊金鼓，於其鼓聲內，說此妙伽他。

畫面為一婆羅門正在擊鼓，文圖相符，應為《夢見懺悔品》第四。

10.白底色，墨書，右書，文曰：

爾時如意寶光耀天女於大眾中聞說深法，歡喜踊躍，從座而起，頂禮佛足，右繞三匝退坐一面。畫面為頭戴寶珠冠的天女一，侍從二，文圖相符，應為《依空滿願品》第十。

11.土紅底色，墨書，右書，文曰：

爾時四天王及帝釋、阿修羅、正了知大將、二十八部諸藥叉神、大自在天、金剛密主、寶賢……□五百眷屬、大海龍王所居之處

畫面已模糊不清。以榜書對照經文，應為《四天王護國品》第十二。

按：此榜書行文不當，致使意思不明。這是依據經文改寫的，抄寫者可能又把改寫稿抄錯了。《四天王護國品》中提到近似榜書內容的有兩處，榜書所摘取的應是第一段：「爾時四天王白佛言……世尊，時彼龍王，請說法者，升座之時，便為我等，燒眾名香，供養是經。世尊，時彼香菸，於一念項，上升虛空，即至我等諸天宮殿，於虛空中，變成香蓋。我等天眾，聞彼妙香，香有金光，照耀我等所居宮殿，乃至梵宮，及以帝釋、大辯才天、大吉祥天、堅牢地神、正了知大將、二十八部諸藥叉神、大自在天、金剛密主、寶賢大將、訶利底母五百眷屬、無熱惱池龍王、大海龍王所居之處。」

12. 石綠底色，榜書已褪。畫面為一大菩薩，戴寶珠冠，據第 156 窟榜書，此菩薩乃執金剛祕密主菩薩，應為《如意寶珠品》第十四。

13. 石綠底色，榜書已褪。畫面為一大菩薩，八臂。據第 156、55 窟，乃大辯才天女之形象，應為《大辯才天女品》第十五。

14. 石綠底色，榜書已褪。畫面為一天女，據第 156 窟榜書，此形象應是大吉祥天女，此乃《大吉祥天女品》第十六。

15. 土紅底色，墨書，左書，文曰：

爾時此大地神女，名曰堅牢，於大眾中 從 座而起，頂禮佛 足 ，合掌恭敬白佛言：「世尊，於諸國中，為人王者，國內居人，咸 蒙利益 。」

畫面為一頭戴蓮花冠的天人，合十跪於毯上。據榜書應為《王法正論品》第二十。

　　按：此畫面形象與第 156、55 窟相同，然據第 156 窟此形象為《菩提樹神讚歎品》第二十五，據第 55 窟此形象則為《序品》第一。

　　16. 白底色，墨書，右書，文曰：

　　　　爾時妙幢菩薩即從座起，合掌向佛而說偈言：「牟尼百福相圓滿，無量功德相（以）嚴身，廣大清淨人樂觀，猶如千日光明照，焰彩無邊光熾盛，微（如）妙寶聚相端嚴。」

　　畫面為一大菩薩，二小菩薩，文圖相符，應為《妙幢菩薩讚歎品》第二十八。

　　17. 土紅底色，墨書，左書，文曰：

　　　　爾時索河世界主梵天主（王）即從座起，合掌恭敬白佛 言 ：「世尊於諸人天為大利益，哀憫世 間 ，擁護一切。」

　　畫面為梵天王，圖文相符，應為《付囑品》第三十一。

　　18. 石綠底色，榜書已褪。畫面為俗裝婦女四人（一大三小），位置、畫面內容都與第 55 窟相同。第 55 窟雖有榜書（內容為「四萬二千天女」），但與經文不合，因而不能確定它是什麼品。

　　19. 石綠底色，榜書已褪。畫面亦已漫漶不清。

　　20. 石綠底色，榜書已褪。畫面為天王模樣人物四身，不知何品。

　　21. 石綠底色，榜書已褪。畫面為一大菩薩。第 156、55 窟均與此相同。據第 55 窟榜書，此乃寶手自在王菩薩，應為《序品》第一。

　　22. 石綠底色，榜書已褪，畫面為天王一類人物四身，據第 156 窟，應為《滅業障品》第五。

23. 石綠底色，榜書已褪。畫面亦已模糊不清。

按：此窟之榜書，凡以石綠為榜子底色者，無一能保存住文字，這是一個值得注意的現象。

以下為《捨身品》之榜書，此品在東壁門頂上。

24. 白底色，墨書，左書，文曰：

時諸王子，各說本心所念之事，複次前行見有一虎，產生七子，才經七日，諸子圍繞，飢渴所逼。

畫面為三王子及其隨從，皆乘馬，駐足做議論狀，表示「各說本心所念之事」。文圖相符，應為《捨身品》之一。

25. 白底色，墨書，左書，文曰：

虎豺師（獅）子，唯啖熱血肉，更無餘飲食，可濟此虎贏。

畫面為六隻老虎，或走，或坐，或臥。榜書內容為薩埵見餓虎後問此虎常食何物，其長兄以偈語回答如上四句。據榜書，此為《捨身品》之二。

按：之一之二如果合併，則畫面、榜書皆完整無缺憾，為何非得分開，難以理解。

26. 土紅底色，墨書，左書，文曰：

時諸王子，作是語（議）已，各起慈心，悽傷憫念。共觀贏虎，目不暫移，徘徊久之，俱捨而去。

畫面為四人乘馬而行。如按照經文來編排順序，應為《捨身品》之三，但如考慮全圖，應與 28 對調。

27. 白底色，墨書，左書，文曰：

此次身不堅（有誤，應為「複次，此身不堅」），於我無畏（益），可〔畏〕如賊，不淨如糞，我於今日，修廣大業，於生死海，作大舟航，棄捨輪迴，令得出離。

畫面為三人下馬，席地而坐，侍從立馬前。三人中，一人手持經卷為其餘人作宣讀狀。榜書內容是薩埵王子內心獨白，並非為二兄宣講，而畫面如此處理，與經不合。按照榜書，應為《捨身品》之四。

28. 底色已變成墨色，然榜書猶可辨認，墨書，左書，文曰：

是時王子，以（興）大勇猛，發弘誓願，以大悲念，增益其心，慮彼二兄，情懷怖懼，共為留難，不果所祈。

畫面為三人騎馬前行。按照經文，應為《捨身品》之五，但其位置應與 26 對調。

29. 底色已變黑，但榜書仍隱約可辨，墨書，左書，文曰：

爾時王子 摩訶薩 埵，還入林中，至其虎所，脫去衣服，置於竹上，作是誓言。

「誓言」未寫而止。畫面為薩埵脫去上衣，裸上身而著短褲，他的面前站著一匹馬。文圖相符，應為《捨身品》之六。

30. 白底色，墨書，左書，文曰：

是時王子，作是言已，於餓虎前，委身而臥，由此菩薩慈悲威勢，虎無能為。

畫面為一隻大虎，五隻小虎，或立，或蹲，或趴在薩埵身上（此畫面已不甚清楚），各以不同姿態注視著薩埵。文圖相符，應為《捨身品》之七。

31. 白底色，墨書，左書，文曰：

菩薩見已，即上高山，投身復作，復作是念：「虎今羸瘦，不能食我。」

榜書意義未盡而止，應接寫「即起求刀，竟不能得，即以干竹刺頸出血，漸近虎邊」。畫面為一座大山，懸崖峭壁之上，站著脫去上衣的薩埵王子。如依畫面，則榜書行文只用「菩薩見已，即上高山，投身於地」就夠了。據圖文，應為《捨身品》之八。

32. 白底色，墨書，左書，文曰：

時二王子，生大愁苦，啼泣悲嘆，即共相隨，還至虎所，見弟衣服，在竹枝上，骸骨及髮，在處縱橫，流血成泥，玷汙其地，見已悶絕，不能自持，投身骨上。

畫面正中薩埵的一堆殘骸，周圍有五人，二兄舉起雙臂撲向殘骨，其餘三位做禮拜、瞻仰之態。文圖相符，應為《捨身品》之九。

33.底色已變黑，榜書尚隱約可辨，墨書，左書，文曰：

　　我弟貌端嚴，父母偏愛念，云何俱共出，捨身而不歸，父母若問時，我等如何答，寧可同捐命，豈得自存身？時二王子，悲泣懊惱，漸舍而去。時小王子所將侍從，互相謂曰：「王子何在？宜共推求。」

　　此條榜書共四行，前兩行應是前一條的內容，即薩埵二兄身屍骨時說的話；後兩行是另一回事，說的是薩埵的侍從，不見主人，準備去尋找。畫面為：四人騎馬，一人拱手於乘騎之前，呈問詢之狀。按照經文順序，此為《捨身品》之十。

　　34.白底色，墨書，左書，文曰：

　　爾時國太夫人，寢上（高）樓上，便於夢中，見不祥相，被割兩乳，牙齒墮落，得三鴿雛，一為鷹奪，二被驚怖。地動之時，夫人遂覺，心大愁惱，作如是言。

　　畫面一座大城，城內有高樓，樓上睡有一人，表示國太夫人正做不祥之夢。文圖相符，為《捨身品》之十一。

　　35.土紅底色，墨書，左書，文曰：

　　王聞語已，驚惶失所，悲噎（哽）而言：「苦哉，今日失我愛子。」即便捫淚慰喻夫人，告言：「賢首，汝勿憂感，吾今共出求覓愛子。」王與夫人（大臣）及諸人眾，即共出城，各各分散，隨處求覓。

畫面為許多人騎馬從城裡出來。文圖相符，為《捨身品》之十二。

36. 白底色，墨書，左書，文曰：

次第二臣，來至王所，王問臣曰：「愛子何在？」第二大臣，懊惱啼泣，舌喉乾燥，口不能言，竟無所答。

畫面為王與夫人騎在馬上，第二大臣前來報告，拱手彎腰，一副誠惶誠恐之狀。文圖相符，為《捨身品》之十三。

37. 底色已變黑，但榜書尚隱約可辨，墨書，左書，文曰：

爾時世尊，說是往昔因緣之時，無量阿僧祇人天大眾，皆大悲喜，嘆未曾有，悉發阿耨多羅三藐三菩提心。復告樹神，我為報恩，故致禮敬。佛攝神力，其萃堵波還設於地。

畫面為一塔，僧俗人等圍繞禮拜。文圖相符，為《捨身品》之十四。

附錄五：莫高窟第 55 窟金光明最勝王經變榜書、畫面敘錄

第 55 窟東壁南側金光明最勝王經變為「中間西方淨土、兩邊條幅式」，共有榜子 38 塊（參見示位圖）。榜子的安排基本對稱，底色不對稱。現將榜書與畫面敘錄如下：

1. 白底色，墨書，單行，文曰：

南無寶手自在王菩薩。

校以經文，衍一「王」字。畫面為一大菩薩（即「寶手自在菩薩」），據榜書，應為《序品》第一。

2.白底色，墨書，單行，文曰：

或有四萬二千喜見天子而為上首。

畫面為俗人四位，頭戴籠冠，身著大袖袍，跪於毯上，據榜書和畫面，應為《序品》第一。

3.白底色，墨書，單行，文曰：

復有持（除）煩惱天子而為上首助會時。

畫面為頭戴蓮花冠之男子五人，雙手合十跪於毯上。文圖相符，應為《序品》第一。

4.白底色，墨書，單行，文曰：

復有二萬八千龍（王）翳羅 葉 龍王而為上首。

畫面為龍王四身，文圖相符，應為《序品》第一。

5.石綠底色，墨書，單行，文曰：

復有蓮花光藏藥叉退坐一面。

畫面為束髮、裸上身之藥叉六身，坐於毯上。文圖相符，應為《序品》第一。

6. 石綠底色，墨書，單行，文曰：

復有貪食藥叉等而為上首。

畫面為藥叉一身，文圖相符，應為《序品》第一。

7. 白底色，墨書，單行，文曰：

復有四萬九千揭路荼王等而為上首。

畫面為天王模樣之人物三身，象鼻人物一身，應為經文中所列之香象勢力王，文圖相符，應為《序品》第一。

8. 石綠底色，墨書，單行，文曰：

及以乾闥婆眾而為上首。

畫面為八部眾四身，文圖相符，應為《序品》第一。

9. 石綠底色，墨書，單行，文曰：

復有緊那羅王等而為上首。

畫面為緊那羅等四身（天王模樣），文圖相符，應為《序品》第一。

10. 白底色，墨書，單行，文曰：

復有中宮后妃，淨信男女而為上首。

畫面為貴婦人四身（一大三小），為首者頭戴桃形鳳冠，文圖相符，應為《序品》第一。

11. 石綠底色，墨書，單行，文曰：

復有人天大眾悉皆云集。

畫面為長者模樣人物一身，與梵天相似，文圖相符，應為《序品》第一。

按：從榜書7—11，本為一段經文。經曰：「復有四萬九千揭路荼王、香象勢力王而為上首，及余健闥婆、阿蘇羅、緊那羅、莫呼洛伽等山林河海一切神仙，並諸大國所有王眾、中宮后妃、淨信男女、人天大眾，悉皆云集，咸願擁護無上大乘，讀誦受持，書寫流布，各於晡時，往詣佛所，頂禮佛足，右繞三匝，退坐一面。」經變的設計者把一段經文分成若幹部分來安排，同時編排榜書內容，説明作者不僅熟悉經文，而且熟悉佛教人物，絕非信手編就。

12. 白底色，墨書，單行，文曰：

南無妙幢菩薩助金光明會。

畫面為大菩薩一身，文圖相符，應為《如來壽量品》第二。

13. 底色已變黑，墨書，單行，隱約可見：

復有婆羅門眾頂禮亡……

畫面為婆羅門四身，文圖相符，應為《如來壽量品》第二。

14.石綠底色，墨書，單行，文曰：

復有婆羅門擊金鼓出大音聲時。

畫面為一婆羅門正在擊鼓，文圖相符，應為《夢見懺悔品》第四。

15. 此系正中大塊榜子中下面一塊，土紅底色，墨書，左書，文曰：

　　而說頌曰：我於昨夜中，夢見大金鼓，其形極姝妙，周遍有金聞（光），猶如盛日輪，光明皆普耀（曜），充滿十方剎（界）。咸見於諸佛，在於寶樹下，各處琉璃座，無量百千眾，恭敬而圍繞。有一婆羅門，以杖擊金鼓，於其鼓聲內，說此妙伽他：金光明鼓出妙音（聲），遍至三千大千界，能滅三涂極重罪，及以人中諸若厄，由此金鼓聲威力，永滅一切煩惱障。斷除怖畏令安隱（穩），譬如自在牟尼尊。佛於生死大海中，積行修成一切眾（智）。究竟咸歸功德海，能令眾生覺品具。猶（由）此金鼓出妙聲，普令聞者摧（獲）梵向。證得無生（上）菩提果，常轉清淨妙法輪。住壽不可思議劫，直其（隨機）說法利群生。能斷煩惱眾苦流，貪 瞋痴 等皆除滅，若有眾生處惡趣（未完而止）。

　　按：「究竟咸歸功德海，能令眾生覺品具」一句，《大正藏》與此顛倒，作「能令眾生覺品具，究竟咸歸功德海」。此乃《夢見懺悔品》之偈語。

　　16.石綠底色，墨書，單行，文曰：

南無大辯才天女而為上首。

　　畫面為八臂菩薩，文圖相符，應為《大辯才天女品》第十五。

　　17. 底色已變黑，文字已不可辨認。畫面為一高樓大院，院內有三人出門狀；院外大門前，有一人拱手而立。從畫面順序來判斷，它應是《長者子流水品》之一，可能是表示「是時流水將其二子漸次遊行城邑聚落」。

　　18. 白底色，墨書，單行，文曰：

爾時流水長者遊玩歡喜時。

　　畫面為：山水樹木之間，長者頭戴蓮花冠，腳登云頭履，身著大袖圓領襴衫，後有二子相隨。文圖相符，系《長者子流水品》之二。

　　19. 白底色，墨書，單行，文曰：

爾時長者見沽野池齋彼魚時。

　　畫面為：一大魚池，飛禽走獸於其中任意吃魚，長者及其二子立於岸上。文中「齋魚」之說，與畫面不符。按其畫面，應是《長者子流水品》之三。

　　20. 底色已變成灰黑色，榜書不可辨認，畫面為：一棵大樹上站立一人，正攀折樹葉；魚池邊上，有兩人正為即將曬死的魚蓋上樹葉；長者子流水與兒子合十祈請佛保佑。畫面內容應即經文中的：「時此大池，為日所曝，餘水無幾，是十千魚將入死門，旋身宛轉，見是長者，心有所希，隨逐瞻視，目未曾舍。時長者子，見是事已，馳趣四

方，欲覓於水，竟不能得。復望一邊，見有大樹，即便升上，折取枝葉，為作陰涼。」這是《長者子流水品》之四。

21. 底色已變黑，榜書亦不可辨認。畫面為：一座大城，堂前跪著幾人，正在請求什麼；城外一隅，有一象廄，內有大象若干；象廄外，兩人正趕著大象朝救魚的地方走去。由畫面可以得知，此即長者子至大王所，求借 20 頭大象，以便馱水救魚，長者子選取了 20 頭大象，前往取水。據畫面，應是《長者子流水品》之五。

22. 白底色，墨書，單行，文曰：

爾時流水長者取水救魚時。

畫面為一人趕兩頭大象（以 2 代替 20）往前走，象背馱著水囊。文圖相符，應是《長者子流水品》之六。

23. 底色已變黑，榜書也已不可辨認。畫面為：一大魚池，池邊站著兩頭大象，有二人抱水囊往魚池裡注水。22—23 兩個畫面，即經文中所說的：「是時流水，及其二子，將二十大象，又從酒家，多借皮囊，往決水處，以囊盛水，象負至池，瀉置池中，水即彌滿，還復如故。」據畫面，應為《長者子流水品》之七。

24. 底色已變黑，榜書亦已不可辨認。畫面為：有一塔，左邊一比丘合十向塔，塔右邊一男一女向塔跪拜。據畫面，應是《舍身品》之一，即世尊手按大地，地即開裂，七寶塔忽然從地湧出，「大眾見已，生希（稀）有心」，世尊接著為大家講述「起塔因緣」——薩埵捨身飼虎本生故事。

25. 白底色，墨書，單行，文曰：

爾時大王遊山川歡喜玩時。

畫面為四人乘馬遊玩，其中一人為女性。文圖相符，表示國王夫人及三位太子一起出遊，應為《捨身品》之二。

26. 底色已變黑，榜書亦已不可辨認。畫面為：高山頂上，薩埵太子赤裸上身，正準備投崖喂虎；半空中，薩埵太子跳崖而下。據畫面，應為《捨身品》之三。

27. 白底色，墨書，單行，文曰：

爾時太子捨身虎食啖時。

畫面為：薩埵躺在地上，四隻老虎，一隻正向屍體撲來，一隻在啖食，一隻吃著撕下的肉塊，一隻蹲著未動，神態各異。文圖相符，應為《捨身品》之四。

28. 白底色，墨書，單行，文曰：

爾時大王共夫人尋覓太子時。

畫面篇幅最大，內容為：王城一座，高樓上一夫人思維狀；門外，夫人騎馬外出，一男子騎馬跟隨；轉過一座山，峽谷裡有四人騎馬飛速前進，夫人亦在其中。畫面內容比榜書多，表現的是薩埵喂虎以後，「國太夫人，寢高樓上，便於夢中，見不祥相……夫人遂覺，心大愁惱」以及「王及夫人，聞其事已，不勝悲噎，望捨身處，驟駕前行」。據畫面及榜書，應為《捨身品》之五。

29. 底色已變黑，榜書亦已不可辨認。畫面為：國王及夫人等三騎

正疾奔中，迎面一人乘馬飛奔而來，面向王等，作稟報狀。據畫面，應為《捨身品》之六。

30. 底色已變黑，榜書亦已不可辨認。畫面為：地上一堆殘骸；人們都已下馬，一人立馬前；國王立屍骨前，攤開雙手，國太夫人撲向屍骨；另一人合十跪於地上，禮拜薩埵遺骸。此即經文：「至彼菩薩捨身之地，見其骸骨，隨處交橫，俱時投地，悶絕將死，猶如猛風，吹倒大地，心迷失緒，都無所知。」據畫面及經文，應為《捨身品》之七。

按：國太夫人撲向殘骸的動作很大，猶如飛天凌空，真是「猶如猛風，吹倒大地」。

31. 石綠底色，大塊榜子，墨書，左書，文曰：

爾時釋迦牟尼如來說是經時，於十方世界有無量百千萬億諸菩薩眾，各從本土詣鷲峰山，至世尊所，五輪著地。見世尊已，一心合掌，異口同音讚歎曰：「佛身微妙真金色，其光普照等金山。清淨柔軟若青蓮，無量妙彩而嚴飾。三十二相遍莊嚴，八十種好皆圓備。光明晅著無與等，離垢猶如淨滿月。其聲清澈甚微妙，如師（獅）子吼震雷音。八種微妙應群機，超勝迦陵頻伽等。百福妙相以嚴容，光明具足淨無垢。」（未完而止）

此榜書似乎不針對具體的畫面，但又可以理解為主尊兩旁的菩薩全與此有關。榜書內容與《十方菩薩讚歎品》之經文只差幾個字。

32. 底色已變灰，黑書，單行，文字已模糊，隱約可見「南無……菩薩」。面畫為一大菩薩、二小菩薩。文圖雖相符，但由於榜書不全，難以肯定此菩薩何名，也就難以確定它屬何品。估計可能是《妙幢菩

薩讚歎品》。

33. 石綠底色，墨書，單行，文曰：

或有四萬二千天女而為上首。

畫面為俗裝婦女，一大三小，為首者頭戴桃形鳳冠，猶如「北方大回鶻國聖天可汗天公主」之裝束。文圖雖然相符，但經文並無「四萬二千天女」之內容。第156窟有與此相同之畫面，屬《依空滿願品》，因此，榜書可能有誤。

34. 底色已變黑，榜書亦已不可辨認。畫面為毗沙門天王及二藥叉，據畫面並參照第156窟，應為《序品》，即經文中的「復有三萬六千諸藥叉眾，毗沙門天王而為上首」。

35. 底色已變黑，榜書亦已模糊，只隱約可見「……神助金光 明會 時 」。畫面為一戴桃形鳳冠的天女，與第85窟大同小異，據第82窟榜書及畫面，應為《王法正論品》。

36. 石綠底色，榜書已褪色不留痕跡。畫面為一天王模樣之人物。第156窟有與此大同小異者，據其榜書，應為《滅業障品》。

37. 石綠底色，榜書只褪剩一字「會」，原文應為某某來「助金光明會」。畫面為菩薩模樣四人，不知屬何品。

38. 底色已變黑，榜書隱約可見「……而為上首」。畫面為：

頭戴冕旒（六股）的國王領三位女眷，皆合十禮佛狀。依形象，應為《序品》中「大國所有王眾」之大國國王，此條應接11之後。

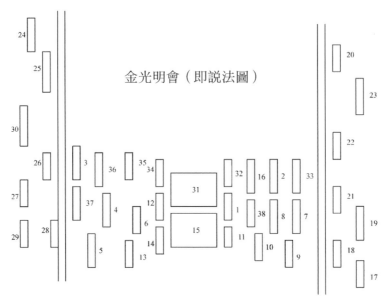

▲ 莫高窟第 55 窟金光明最勝王經變榜書示位圖

（原載《1987 年敦煌研究國際討論會文集·石窟考古編》，

遼寧美術出版社 1990 年版）

地域文化研究叢書·敦煌文化研究叢　A0204001

敦煌石窟與文獻研究　上冊

作　　者　施萍婷

版權策畫　李煥芹

責任編輯　曾湘綾

發 行 人　林慶彰

總 經 理　梁錦興

總 編 輯　張晏瑞

編 輯 所　萬卷樓圖書股份有限公司

臺北市羅斯福路二段 41 號 6 樓之 3

電話 (02)23216565

傳真 (02)23218698

出　　版　昌明文化有限公司

桃園市龜山區中原街 32 號

電話 (02)23216565

發　　行　萬卷樓圖書股份有限公司

臺北市羅斯福路二段 41 號 6 樓之 3

電話 (02)23216565

傳真 (02)23218698

電郵 SERVICE@WANJUAN.COM.TW

ISBN 978-986-496-469-7

2019 年 3 月初版

定價：新臺幣 360 元

如何購買本書：

1. 轉帳購書，請透過以下帳戶

　 合作金庫銀行　古亭分行

　 戶名：萬卷樓圖書股份有限公司

　 帳號：0877717092596

2. 網路購書，請透過萬卷樓網站

　 網址 WWW.WANJUAN.COM.TW

大量購書，請直接聯繫我們，將有專人為您

服務。客服：(02)23216565 分機 610

如有缺頁、破損或裝訂錯誤，請寄回更換

國家圖書館出版品預行編目資料

敦煌石窟與文獻研究　上冊 / 施萍婷著. --

初版. -- 桃園市：昌明文化出版；臺北市：

萬卷樓發行, 2019.03

　 冊 ；　 公分

ISBN 978-986-496-469-7(上冊 ： 平裝). --

1.敦煌學 2.石窟 3.文獻

797.9　　　　　　　　　　　　108003206

本著作物經廈門墨客知識產權代理有限公司代理，由浙江大學出版社有限責任公司授權

萬卷樓圖書股份有限公司發行中文繁體字版版權。

本書為金門大學產合作成果。　　　　　　校對：　陳羚婷／華語文學系四年級